初中语文优质教学设计：新标准·新教材·新教法丛书

统编初中语文教科书优质教学设计

总主编 ◎ 邓彤　李冲锋
本册主编 ◎ 苍郁　李杨

（八年级下册）

华东师范大学出版社
·上海·

图书在版编目(CIP)数据

统编初中语文教科书优质教学设计. 八年级 下册/邓彤,李冲锋总主编;苍郁,李杨本册主编. —上海:华东师范大学出版社,2022

(初中语文优质教学设计:新标准·新教材·新教法丛书)
ISBN 978-7-5760-2847-8

Ⅰ.①统… Ⅱ.①邓…②李…③苍…④李… Ⅲ.①中学语文课—教学设计 初中 Ⅳ.①G633.302

中国版本图书馆 CIP 数据核字(2022)第 125658 号

统编初中语文教科书优质教学设计八年级(下册)

总 主 编	邓 彤 李冲锋
本册主编	苍 郁 李 杨
策划组稿	赵建军
责任编辑	陈文帆
责任校对	杨 丽 时东明
装帧设计	俞 越
出版发行	华东师范大学出版社
社 址	上海市中山北路3663号 邮编 200062
网 址	www.ecnupress.com.cn
电 话	021-60821666 行政传真 021-62572105
客服电话	021-62865397 门市(邮购)电话 021-62869887
地 址	上海市中山北路3663号华东师范大学校内先锋路口
网 店	http://hdsdcbs.tmall.com
印 刷 者	昆山市亭林印刷有限责任公司
开 本	787毫米×1092毫米 1/16
印 张	14.75
字 数	254千字
版 次	2022年10月第1版
印 次	2022年10月第1次
书 号	ISBN 978-7-5760-2847-8
定 价	48.00元
出 版 人	王 焰

(如发现本版图书有印订质量问题,请寄回本社客服中心调换或电话021-62865537联系)

初中语文优质教学设计：
新标准·新教材·新教法丛书
编委会

总主编 邓 彤 李冲锋

编委会主任 王希文

编　　委（以音序排名）

蔡忠平　苍　郁　陈　丹　陈　莉　陈潋雯　程　盼
程思怡　褚　磊　丁　颖　段乐春　顾婷婷　郭荷苗
胡文耕　黄明晶　蒋玉坤　雷旭莉　李　杨　李天娇
李莹莹　李张勇　梁　颖　林　超　刘东贺　潘文冬
桑凤英　沙健芳　施　丹　王　洪　王婷婷　王伟华
吴群英　武罗欣　奚赛娟　徐　慧　杨膳荫　杨晓丽
杨亦文　张　莹　张雪欢　周　冰　周　燕

本册主编 苍　郁　李　杨

编写人员 第一单元　苍　郁　李　杨
　　　　　　第二单元　陈　莉
　　　　　　第三单元　李　杨　周　冰　王婷婷
　　　　　　第四单元　李莹莹
　　　　　　第五单元　蒋玉坤
　　　　　　第六单元　苍　郁　奚赛娟　李　杨
　　　　　　学习任务群　苍　郁　张　莹

编者的话

现行义务教育教科书《语文》(七至九年级)是以义务教育课程方案和《义务教育语文课程标准(2011年版)》为依据编写的。2022年4月,《义务教育语文课程标准(2022年版)》颁布,新版课程标准对语文课程与教学提出了新标准、新要求。在此背景下,为帮助广大语文教师更好地使用这套语文统编教材,我们编写了这套语文教学参考书。

这是一套怎样的教学参考书呢?

它简明,具有纲目明晰之特征。它不贪多求全,没有连篇累牍的文章分析,没有堆积如山的资料汇编,更没有浩如烟海的习题测试。它提纲挈领、简明扼要地为教师把握一篇课文或一个单元的教学提供基本框架。它凸显教学核心任务,聚焦关键知识和基本素养,设计精当的学习活动。它以平等姿态与一线教师对话交流,旨在成为教师教学的友善型"辅助支架",而极力避免异化为耳提面命式的"教学律令"。

它好用,具有模块式自由组合之特征。教案中若干板块相互关联,却又各自独立,如同七巧板,教师可以依据自己的需要,选择其中若干模块,或重组,或拼接,或嵌入自己的教学设计,从而创设出具有自身特色的教学方案。一方面,它能够为教师提供一种新的思路,一种不一样的设计风格;另一方面,它具有柔性特征,能如水随形,便于教师吸纳、转化。它既能够为教师提供一个不错的教学样例,又充分尊重教师教学的现实需求与个性特征。

它好玩,具有快乐学习特征。语文课堂应该是"生动"的。这个"生动",有两层含义:一是指气氛活跃,一是指"学生参与"。理想的语文课堂不应该死气沉沉、面目可憎;学生学习语文也不应该愁眉苦脸、痛苦不堪。理想的语文教学设计,应该依据文本特征,贴近学生生活,运用学生喜闻乐见的方式,精心设计系列学习活动,使得语文教学妙趣横生,使得语文学习不再是一件苦差事。如此,语文课堂才能成为学生学习的乐园,学生才能够优游其中,含英咀华,流连忘返。

编写中我们遵循了以下三大编写原则。

1. 体现统编教材特色

编写中充分注意核心价值观在教学中的有机渗透,发挥语文学科教育在立德树人方面的重要作用;在设计中充分体现单元人文主题和语文要素的有机结合。

2. 关注语文深度学习

语文是一门实践类学科,语文深度学习必须高度重视转化学习内容与学习方式,帮助学生体验、经历知识的发现与建构过程,使学生真正成为语文学习主体。

3. 便于一线教师使用

理想的教学参考书籍,既要站位高,也要接地气。本丛书一方面基于新课程、新教材开展设计,一方面充分考虑到一线教师的实际需求,在总体框架、文本解读、学习活动设计等一线教师普遍觉得棘手之处着力较多,希望能够为教师教学提供有益的支援。

在上述原则指导下,在具体编写过程中,我们进一步凸显了本书的五大特点。

1. 注重单元设计

本书凸显统编教材单元整体感强之特征,立足于教材单元基本目标,围绕单元教学核心内容设计系列学习环节,注重单篇课文与单元其他文章的一体化设计,注重阅读活动与写作活动的有机融合。

2. 明确学习要素

为超越语文教学"暗中摸索"的经验性层级,本书明确引入"语文学习要素"概念,旨在以明确的语文核心知识引领师生开展语文教与学活动,使得语文教与学不断趋向"明里探求"层次。

3. 关注文本细读

语文学习核心素养之核心是"语言积累与建构",文本细读在语文教学中永远具有压舱石的重要作用。本丛书高度关注对文章重点语段、语句的精细化深度解读,这使得本丛书因此具有较为浓郁的"语文味"。

4. 设计模块化活动

注重活动与探究,是新版语文课程标准与统编语文教材的基本的核心理念与基本内容。本丛书为落实这一精神,致力于学习活动设计研究,开发设计了大量鲜活生动、具有浓郁语文味道的学习活动。这些活动如斑斓彩贝,闪烁于丛书各单元,或星星点点,或交织成文,共同构成一个生意盎然的语文学习生态场,这些活动,聚焦核心素养,内嵌关键知识,贴近学生生活,有利于促进学生开展研究性学习、多维表征学习。同时,本丛书设计的学习活动,形成相对独立的活动模块,以便教师依据实际需要对这些活动自由组合调配。

5. 凸显学习任务群

新颁布的《义务教育语文课程标准(2022年版)》提出以学习任务群组织、呈现课程内容。这对语文课程建设、教材编写与教学实施都提出了全新的要求。语文学习任务群是素养导向的语文实践活动,其实质是特定情境下的语言文字运用。语文学习任务群的提出,对语文教学方式与学习方式提出了崭新的要求,引起了广大一线教师的高度关注。

为此,本丛书编者依据新课标精神,整合统编教材内容,结合七至九年级语文学习实际,专门安排"学习任务群"板块,精心设计了系列学习任务群。这些任务群围绕新课标所确定的基础、发展、拓展三大类型,涵盖了语言文字积累与梳理、实用性阅读与交流、文学阅读与创意表达、思辨性阅读与表达、整本书阅读、跨学科学习等六大领域。具体安排如下。

【七年级上册】

1. 语言文字积累与梳理:有朋自远方来——"朋"字学习任务群设计

2. 文学阅读与创意表达:梦想与现实交织的生存悲歌——《骆驼祥子》课本剧创作与展演任务群设计

【七年级下册】

1. 跨学科学习:多学科碰撞出"大航海+故事"——《海底两万里》学习任务群

设计

2. 文学阅读与创意表达：体验奋斗历程·讴歌奋斗精神——"奋斗"主题微电影拍摄与展播任务群设计

【八年级上册】

1. 整本书阅读：红色经典与精神赓续——《红星照耀中国》学习任务群设计
2. 实用性阅读与交流：昆虫世界探秘——《昆虫记》学习任务群设计

【八年级下册】

1. 跨学科学习：古诗词游园会——《惠崇春江晚景》学习任务群设计
2. 整本书阅读：峥嵘岁月与英雄品质——《钢铁是怎样炼成的》学习任务群设计

【九年级上册】

1. 思辨性阅读与表达：实用类非连续性文本的阅读——侧重信息甄选与逻辑理解的思辨性读写任务群设计
2. 文学阅读与创意表达：英雄传奇：精准人设打造与再造表现——《水浒传》学习任务群设计

【九年级下册】

1. 整本书阅读：独立女性的赞歌——《简·爱》学习任务群设计
2. 实用性阅读与交流："文化"的天平　思维的博弈——"文化传承与文化创新哪个更重要"主题辩论赛学习任务群设计

上述学习任务群在"文化自信、语言运用、思维能力与审美创造"等语文核心素养目标指导下，采用主题情境方式呈现，以学习任务统整语文学习全程，注重语文核心知识的实践运用与结构化掌握，希望能够为一线教师的教学提供有效的帮助。

本套丛书以全国著名特级教师邓彤主持的上海市语文名师基地成员为主要编写者，又邀请一些名校、名师参与其中，组成了一个阵容强大的编写团队。全国语文核心期刊《中学语文教学》杂志副主编王希文女士作为本团队学术导师，领衔担任丛书编委会主任,为丛书编撰提供学术指导,在此一并致谢。

经过一年多的努力,全体编写者多次研讨,反复打磨,几易其稿,终于完成了这套教学设计参考书。希望本丛书的出版,能够帮助广大一线教师更深入领会新课程理念,更好地使用统编教材,更有效地培育学生的语文素养。当然,虽然本丛书全体编者尽心尽力,由于水平与条件所限,本丛书一定还有诸多待完善之处,在此恳请方家不吝指教。

总主编:邓彤 李冲锋

2022 年 6 月

第一单元

1　社戏 …………………………………………… 3
2　回延安 ………………………………………… 10
3*　安塞腰鼓 ……………………………………… 17
4*　灯笼 …………………………………………… 20
写作　学习仿写 ………………………………… 24
口语交际　应对 ………………………………… 27
单元练习 ………………………………………… 30

第二单元

5　大自然的语言 ………………………………… 35
6　阿西莫夫短文两篇 …………………………… 44
7*　大雁归来 ……………………………………… 53
8*　时间的脚印 …………………………………… 57
写作　说明的顺序 ……………………………… 62
综合性学习　倡导低碳生活 …………………… 68
单元练习 ………………………………………… 71

第三单元

9　桃花源记 ……………………………………… 77
10　小石潭记 ……………………………………… 83
11*　核舟记 ………………………………………… 90
12　《诗经》二首 ………………………………… 95

写作　学写读后感 …………………………………………… 103
综合性学习　古诗苑漫步 …………………………………… 106
名著导读　《傅雷家书》选择性阅读 ……………………… 109
单元练习 ……………………………………………………… 111

| 第四单元　活动·探究 | ………………………………… 115
　　单元练习 …………………………………………………… 129

| 第五单元 |

17　壶口瀑布 …………………………………………………… 133
18　在长江源头各拉丹冬 …………………………………… 141
19*　登勃朗峰 ………………………………………………… 148
20*　一滴水经过丽江 ………………………………………… 151
写作　学写游记 ……………………………………………… 156
口语交际　即席讲话 ………………………………………… 162
单元练习 ……………………………………………………… 166

| 第六单元 |

21　《庄子》二则 ……………………………………………… 169
22　《礼记》二则 ……………………………………………… 177
23*　马说 ……………………………………………………… 183
24　唐诗三首 ………………………………………………… 190
写作　学写故事 ……………………………………………… 197

目录

综合性学习　以和为贵……………………………………… 200

名著导读　《钢铁是怎样炼成的》摘抄和做笔记…………… 202

单元练习……………………………………………………… 204

学习任务群设计

跨学科学习：古诗词游园会
　　——《惠崇春江晚景》学习任务群设计………………… 206

整本书阅读：峥嵘岁月与英雄品质
　　——《钢铁是怎样炼成的》学习任务群设计…………… 212

注：阅读单元的课文分"教读"和"自读"两类，篇名前标有 * 的为"自读"课文。"活动·探究"单元的课文原则上以学生自读为主。

第一单元

单元教学目标

1. 学习多种表达方式,捕捉关键信息,读懂文章作者寄寓的情思。
2. 学习品味作品中富有表现力的语言,初步掌握鉴赏语言的方法,激发探究语言的兴趣。

单元内容框架

单元设计说明

本单元的课文体裁广泛,涉及小说、散文、诗歌。《社戏》作者回忆了美好淳朴的平桥村,表达了留恋之情;《回延安》描述了作者回延安的所见所闻所感,热情抒发了作者和延安的母子情深,表达了作者对延安的感激和怀念之情;《安塞腰鼓》是一篇通过描绘西北"地域风情"来展现人的本质力量和时代精神的抒情散文;《灯笼》以"灯笼"为线索,串联起早年乡村生活的诸多记忆,承载着厚重的文化内涵,展现了旧时的乡风民俗,表达了作者对故乡和亲人的怀念之情。

本单元写作教学为"学习仿写",是在学习前几篇文章基础上,通过阅读文本、品味语言的实践运用,使学生能够有针对性地仿写。口语交际主题是"应对",通过丰富的活动设计,引导学生将所学的应对知识进行运用。

1 社戏

鲁　迅

一、教学目标与学习要素

(一) 教学目标

1. 理解小说以儿童视角叙述故事的妙处。
2. 说明景物描写与情感抒发之间的关系,分析文中运用描写、议论等表达方式的效果。

(二) 学习要素

1. 以儿童视角叙述故事,作家在小说中借儿童眼光或口吻叙述故事来真切表现儿童的生活。
2. 景物描写中往往寄寓作者主观感情,具有抒发情感、表达思想的作用。

二、文本解读

(一) 课文整体解析

《社戏》是鲁迅先生写于 1922 年的短篇小说,发表于同年 12 月《小说月刊》,后收入小说集《呐喊》。小说写了"我"20 年来三次看戏的经历:两次是辛亥革命后在北京看京戏,一次是少年时代在浙江绍兴乡村看社戏。教材节选的是"我"十一二岁时到赵庄看戏的生活经历,刻画了双喜、阿发、桂生等农家少年朋友的形象,描述了以六一公公为代表的劳动人民淳朴、善良的美好品德,展示了农村诗情画意的生活画卷,表达了作者对少年时代生活的深深怀念,特别是对农家朋友诚挚情谊的浓浓眷念。

课文以看戏为线索,可分为看戏前(1—3 段)、看社戏(4—30 段)以及看戏后(31—40 段)三个部分。然而稍加细读便会发现,课文中直接写看戏的内容只有 14—21 段,看戏前的波折、夜航途中的见闻感受和看戏后的偷豆部分占了更多篇幅。从这样的详略安排可知,作者之意不在"戏",而在于"戏"外,如看戏途中舒展、轻松的心灵,归航偷豆时亲密、和谐的关系,这些才是"那夜似的好豆""好戏"最令人难忘,最让人向往的。

(二) 重点语段细读

严家炎先生认为《社戏》"是小说,也是回忆童年生活的美丽的抒情散文"。这样一篇充满诗情画意的小说,在教学中要注意通过朗读和默读体会人物的心理、说话的语气,体会描写、叙述和议论的精彩之处,以及蕴含的情感。

1. 但在我是乐土:因为我在这里不但得到优待,又可以免念"秩秩斯干幽幽南山"了。

这句运用了议论的表达方式,又充满感情。尤其是"乐土"二字,表达了"我"对平桥村的热爱和怀念,流露出对自己在城里读书生活的厌倦。

2. 我的很重的心忽而轻松了,身体也似乎舒展到说不出的大。

"轻松""舒展"两词用得非常精彩,与上文的沮丧、压抑形成鲜明的对比,传神地表现出"我"终于能去看戏时欢喜轻快的心情。"说不出的大"用夸张的修辞,描绘出儿童特有的感觉,以身体的轻松来表现愿望终于实现时内心无比的喜悦。

3. 淡黑的起伏的连山,仿佛是踊跃的铁的兽脊似的,都远远地向船尾跑去了,但我却还以为船慢。

将连山比作兽脊,且"远远地向船尾跑去",这里的比喻和拟人,使得语言生动形象。再从景物描写的角度来看,这是从坐船人的视角来进行描写,连山在朦胧的月光下颜色淡黑如铁,因为高低起伏,则像是山在踊跃飞跑,用"踊跃"来写山可谓精彩,把静态的连山写活了。以动写静,既衬托了船行之快,又衬托了"我"想看到社戏的急切心情。

4. 那航船,就像一条大白鱼背着一群孩子在浪花里蹿,连夜渔的几个老渔父,也停了艇子看着喝采起来。

这一句比喻富有童话色彩,新奇贴切,又有水乡特色,反映了儿童富于幻想的特点和愉快的心情。写老渔父的喝采则是通过旁观者的赞美来衬托孩子们驾船技术的娴熟高超,从侧面描写归航之快。

5. 他于是往来的摸了一回,直起身来说道,"偷我们的罢,我们的大得多呢。"

"往来的摸了一回"的独特动作和"偷我们的罢,我们的大得多呢"的个性化语言,充分表现了阿发的憨厚大方。他不仅愿意让人偷,还愿意让大家偷自己最好的,尤其在可以不让偷的情况下,他说得很自然,很可爱,也很妥帖。所以这"偷豆","偷"得光明正大,"偷"得情趣盎然。

6. 真的,一直到现在,我实在再没有吃到那夜似的好豆,——也不再看到那夜似的好戏了。

社戏并不特别好看,豆也并不特别好吃,但"看社戏""偷豆吃"是在平桥村这片乐土上"我"感受最强烈、印象最深刻的两大乐事。"我"永远不能忘记的是平桥村的老人和孩子那朴实、真挚的情谊和他们勤劳善良、聪明能干的美德,再加上美丽怡人的江南水乡风光,自由平等的气氛,人与人之间和谐、亲密的关系,这一切都是"我"在"那夜以后"的城镇生活、人生旅途中再也不曾感受到的。"看戏"与"偷豆"所代表的是对自由快乐的童年生活、对往事的回忆,表达了对美好生活的向往之情,对自由舒展的人生境界的追求。所以,"我"自然认为是好戏和好豆,并且难以忘怀。

三、教学过程

第一课时

(一) 课时目标

1. 了解课文所表现的民俗,通过概括情节梳理作品的行文思路。
2. 理解小说以儿童视角叙述故事的妙处。

(二) 导入

社戏是什么?请大家一起背诵陆游的《游山西村》。诗中"春社"便是社戏。

"社"原指土地神或土地庙。从前,在绍兴,"社"是一种区域名称,"社戏"就是社中每年所演的"年规戏"。这样的民俗如今在有些地区的乡村仍保留着,不过在城市中已难得一见。

今天我们一起跟随鲁迅先生的文字回到旧时的江南水乡,看一次社戏。

(三) 活动设计

▲ **活动设计一:编写连环画**

鲁迅先生的《社戏》是小说,更是一幅生活画卷。著名漫画家丰子恺先生曾将《社戏》绘成图画。如果请你根据《社戏》的内容创作一组连环画,你会画几幅?请依据课文来确定图画内容,并给每幅画配上简洁的文字说明。

小说篇幅较长,概括情节有助于学生整体感知课文内容,梳理行文思路。学生应有充足的时间阅读思考,也可与同伴交流,答案也并非唯一的。

例一:

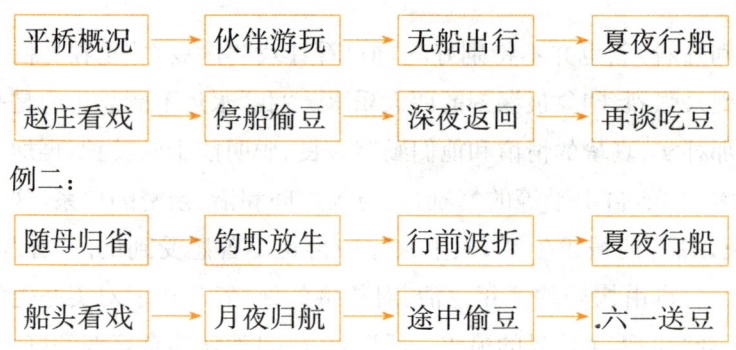

例二:

▲ 活动设计二:快乐太阳花

文章开头便说平桥村"在我是乐土"。这是一个什么样的村庄?在梳理课文情节的过程中,你发现"我"在这里得到了哪些快乐呢?请同学们根据课文内容完成这朵快乐太阳花,花瓣的数量可以增减。

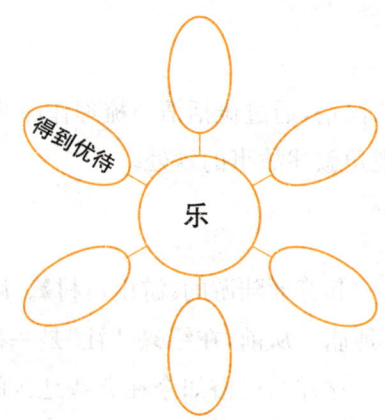

▲ 活动设计三:社戏与偷豆,你怎么看

在完成"快乐太阳花"的过程中,几位同学产生了一些分歧。

甲:这天晚上的社戏一点也不好看,怎么能感到快乐呢?

乙:可小说结尾分明告诉我们"也不再看到那夜似的好戏了",而且小说以"社戏"为题也体现了"我"对社戏的态度。

丙:我认为那夜的戏本身不吸引人,但是"我"从看社戏的过程中得到了很多快乐。但是返回时偷豆吃好像不太光彩吧。

那么同学们,你们怎么看呢?

那夜的社戏并不精彩,然而和小伙伴出游的轻松自由、小伙伴们对"我"的体贴照顾都是极快乐极难忘的。以《社戏》为题表明童年看社戏的经历是小说叙述的主要内容,同时可以借助儿童的眼光来叙述故事,使内容选择符合儿童思维和认知特点。"偷"豆的场景用儿童的口吻写来,让人感到真实亲切,趣味盎然,充分地表现了孩子的纯真和无私,展现了作者对和谐亲密关系的渴望,对自由快乐生活的追求。联系小说原文中前两次看戏的枯燥和乏味,自然能感受到作者强烈的不满,因而能从深层次上理解作者对成人世界功利、自私和冷漠的厌憎与抨击。

(四)课堂小结

本节课我们从题目"社戏"入手,概括并梳理了小说的情节。我们发现,这些情节大多与"乐土"相关,而看戏部分,作者却花了很多笔墨写其乏味无趣,看起来与"乐土"并无关系。但是大家在讨论过程中反复阅读,理解了乡村生活之乐不仅在于有众多玩伴,可自由玩耍,能亲近自然,更在于儿童世界的单纯无私,从而表现出作者对美好生活的向往。

由此可见,阅读一篇小说,可以从概括情节入手,找出不同情节之间的共同点,更要关注其中看似无关的部分,深入阅读并思考作者的意图,从而对作品表达的思想感情有更深刻的理解。

(五)布置作业

在"我"的记忆中,平桥村是"乐土"。"我"的那些小伙伴回忆起这段时光,又会怎么说呢?

请从文中"我"的朋友里任选一位,发挥合理想象,尝试以他的视角和口吻回忆这段经历并记录下来,150字左右。

第二课时

(一)课时目标

1. 说明景物描写与情感抒发之间的关系。
2. 体会文中多种表达方式综合运用的效果。

(二)导入

上节课我们概括梳理了平桥村的那些事儿,这节课让我们一起走近平桥村的那些人、那些景。

(三)活动设计

▲ 活动设计一:我想认识你

如果你有机会来到平桥村认识文中的这些人,你最愿意认识谁?结合文章内容说说理由。

例:双喜——他聪明伶俐,细心体贴,有主见,又能为他人着想。

(1)当"我"看社戏愿望将要落空时,双喜的提议让"我"重新看到希望。

(2)当外祖母和母亲担心迟疑时,双喜大声打包票打消了她们的顾虑。

(3)归航偷豆时征求阿发的意见,并提醒大家不要多偷,让阿发的娘知道是要哭骂的。

阿发——憨厚大方

桂生——热情勤快

六一公公——宽厚善良,淳朴好客

▲ 活动设计二:平桥风光音配画

平桥村不仅有淳朴的民风,还有如诗如画的风景。现在平桥景区宣传片需要你从《社戏》中选一段文字作为解说,你会选哪一段?你又会怎么读?

在品读赏析中体会景物之美和语言之美,从环境描写中读出环境的特点与气氛,把握其与情节发展之间的关联,理解在景物描写中流露的人物情感。朗读方式可以根据班级学生情况灵活变化,如学生积极性高可以自告奋勇,如学生羞于表达则可以请同学推荐,也可以调整座位让选择相同段落的同学坐在一起,讨论合作。朗读后请同学提出意见或建议,在交流过程中进一步感受景物描写对表达思想情感的作用。

▲ 活动设计三:平桥名片我来选

一个地方应该有自己的名片来提高知名度,在对外交流中获得更多展示自己的机会。名片可以是景观名胜,可以是风味特产,也可以是传统工艺、文化活动等。从经济层面看,名片应该能够创造经济价值,促进消费;从社会层面看,名片能够聚集人气,提高地方知名度;从文化层面看,名片能够增强地方人文气息,提升文化品位。例如大家所熟知的热干面是武汉的名片,东方明珠是上海的名片,腰鼓是安塞的名片。那么,如何让大家知道平桥村这样一个偏僻的海边小村庄呢?

为此,班上准备开展一次"平桥名片我来选"活动。同学们根据课文内容推出了一些候选名片,请选出你认为最合适的,填写"平桥名片推荐卡"并依据材料提示写出三条推荐理由。

候选名片:夜航　　水上社戏　　罗汉豆

平桥名片推荐卡
我推荐: 理由一: 理由二: 理由三:

(四) 课堂小结

本节课,我们一起分析了文中不同人物的特点,感受到平桥村淳朴善良的民风,再通过朗读领略了作者笔下柔媚醉人、如梦如幻的夏夜风光。美丽的自然风光彰显了温馨的乡村人情,让我们进一步体会到作者对美好生活的向往之情。我们阅读一篇小说时,常常被它的情节吸引,但要想深入理解一篇小说,就不能只满足于了解情节,还应研读其中的人物形象,文中的环境描写也绝不容忽视。

(五) 布置作业

从以下两项任务中选一项,写一段150字左右的片段。

1. 模仿课文第11和12段月夜行船的景物描写,描写一段景物。建议从视觉、听觉、嗅觉等多个方面着笔,并适当发挥想象。

2. 童年渐行渐远,请你记录一段和小伙伴们玩耍嬉戏的快乐场景,注意通过语言或动作描写表现出小伙伴的特点。

2 回延安

贺知章

一、教学目标与学习要素

（一）教学目标

1. 通过多种朗读的方式，理解各章节内容，把握情感脉络的变化。
2. 通过圈画的方式，了解"信天游"这种民歌形式，体会本诗的艺术特色。
3. 学习并运用这首诗中"比兴"的手法。
4. 通过诗歌词语、句子的品读，从而理解诗人的情感表现和写作意图。

（二）学习要素

1. 直接抒情和间接抒情相结合可以更好地表现诗歌的情感。
2. 个性化的语言特色有利于诗歌的传情达意。

二、文本解读

（一）课文整体解析

《回延安》是一篇有浓郁地方色彩的诗歌，全诗共分为五个部分，写了诗人回延安的所见所闻所感。第一部分写诗人离开延安十年以后，再次踏上故土时的激动，见到亲人时的喜悦。第二部分诗人回忆自己在延安的生活，表现了诗人和延安的亲密的关系，表达了诗人对延安的感激和怀念之情。第三部分写和延安亲人们欢聚一堂，交谈叙旧的热烈场面。第四部分写延安的新面貌，面对延安建设的新成就，诗人表达了欣喜和赞美之情。第五部分回顾延安的光荣历史，展望延安的光明未来，离别时表达了诗人的依依惜别之情。

学习本诗，首先要提炼出教学的核心内容。诗歌是传情达意的，"诗言志、歌咏言"，这首诗重点表达了诗人对延安满怀的热情和关切，他回忆在延安的战斗生活，赞颂延安的巨变，展望延安的未来，有着对母亲延安的赤子之心，抒发了对母亲延安的无限眷念之情。这是学生解读诗歌的基础，在梳理主要内容时，要能通过捕捉关键词、关键句来把握诗歌情感，这也是阅读诗歌的重要能力。

其次，在把握"诗歌情感"的基础上，需要进一步分析"诗人的表达"，即诗人是如何反复咏叹来强烈表达自己与延安的亲情。如诗歌中"母亲"的反复呼唤，强烈表达了诗人炙热的情感，类似的表达还有很多，阅读时可通过朗读圈画等方式品味。

最后，需要引起注意的是，本诗语言有浓郁的语言风格。诗歌中"比兴"手法的运用，传承了"赋比兴"的诗歌表现手法，具有丰富的层次感。诗歌还采用陕北民歌"信天游"的形式，富有韵味，形式活泼，节奏自由。诗歌中还有很多带有鲜明的延安地方色彩的意象，如诗中的枣园、窑洞、宝塔山、糜子等。

本诗的语言生动、细腻富有表现力，且不乏一些具有特色、感情真挚的词语和句子。教师在阅读过程中应该加深对诗歌词语、句子的品读，从而理解诗人的情感表现和写作意图。

（二）重点语段细读

1. 手抓黄土我不放，
   紧紧儿贴在心窝上。

   ……几回回梦里回延安，
   双手搂定宝塔山。

   这里运用了细致的动作描写，丰富地表达了情感，一个"抓"字，表现了诗人久别延安后再次重逢的激动之情。"贴"字写出亲密无间，用情至深溢于言表。"搂定"亲切而又坚定，表达诗人对延安的一往情深。

2. 树梢树枝树根根，
   亲山亲水有亲人。

   羊羔羔吃奶眼望着妈，
   小米饭养活我长大。

   这两节以"树"和"羊羔吃奶"起兴，形象生动地比喻诗人和延安的血肉关系，表达了诗人对延安的感恩之心。

3. 一口口的米酒千万句话，
   长江大河起浪花。

   这句话用夸张的修辞手法，强调突出诗人和亲人重逢说话之多，表达了诗人和亲人相见恨晚。

4. "几回回""树根根""羊羔羔""白生生""一口口"等，"紧紧儿""手把手儿"等。

这些都是陕北特色方言，既表达了作者对延安的深厚感情，又具有鲜明的地方特色。

三、教学过程

第一课时

（一）课时目标

1. 整体感知诗歌，梳理并概括主要内容。
2. 通过朗读、圈画的方式学习诗歌的直接抒情和间接抒情表达手法。

（二）导入

齐声朗读标题"回延安"，并思考从题目中能获得哪些信息？

提示：从标题入手，捕捉关键信息。

（三）活动设计

▲ **活动设计一：整体把握，闯关填表**

第一关	概括每个章节内容
第一章	
第二章	
第三章	
第四章	
第五章	

提示：概括诗歌内容要点，通过闯关练习，培养学生根据关键词、句进行概括的能力。

明确：

第一关	概括每个章节内容
第一章	重回延安
第二章	追忆成长
第三章	欢聚畅谈
第四章	面对新貌
第五章	展望未来

▲ **活动设计二：朗诵擂台，读诗识情**

诗歌往往是传情达意的，在这首诗中，诗人的情感洋溢在字里行间，请同学们尝试通过朗读表现出诗人的情感。

具体步骤：

1. 各位同学通过打擂台赛的朗读方式，各组同学先自行赛读，挑选出一个擂主。

2. 推选出来一位擂主，其他同学来挑战打擂台。

3. 未参加擂台赛的同学做评委来打分，在交流过程中进一步体会诗歌的思想情感。

朗诵擂台赛评比表

选手名字：　　　　　选手编号：
　　　总分：　　　　　评分人：

分数	朗诵擂台评分标准
1—10 分	紧扣主题，内容充实生动，有真情实意
1—10 分	正确理解朗诵内容，声情并茂，朗诵富有韵味和表现力
1—10 分	精神饱满，姿态得体大方
1—10 分	吐字清晰，声音宏亮，正确把握朗诵节奏
1—10 分	感情饱满真挚，表达自然，能通过表情的变化反映朗诵的内涵

▲ **活动设计三：头脑风暴，共同找茬**

1. 课件展示两组不同的语句，小组讨论品读不同处的表达效果。

提示：小组同学通过"找不同"品读语句的活动方式，圈画关键字词，体会诗歌的表达效果。

2. 如："母亲延安就在这里"

"母亲延安在这里"

一个"就"字，强调诗人对延安的深厚情谊，增加了亲切感。

▲ **活动设计四：他回延安，我来配图**

1. 小组同学根据每个章节，画一幅图。
2. 画好图后，配上一段话。
3. 所写的话要和诗歌的情感相一致，能够传情达意。

（四）课堂小结

要整体把握诗歌，既要概括主要内容，又要体会诗歌情感。这节课，主要通过闯关填表、朗读擂台、找茬品读等活动来学习诗歌，尤其是找茬品读这一活动中，理解诗歌尤其重要。所以，同学们在阅读过程中，要学会辨别、圈画、品读关键词句，找到作者写作思路的路标，对体会文章内容和情感都起着重要的提示作用。

（五）布置作业

请把这首诗歌其中一个章节改写成一个片段，100字左右。

第二课时

（一）课时目标

1. 体会诗中运用比兴等手法的作用。
2. 了解"信天游"这种民歌形式，体会本诗的艺术特色。

（二）导入

上节课，我们已经把握了诗歌的主要内容和思路结构，诗人又是用什么语言形式来表达充沛的情感呢？这节课，我们将着重学习诗人的表达——"比兴"手法的运用。

提示：开门见山，引入"比兴"手法。

(三) 活动设计

活动总名称——"比兴"大串烧

▲ **活动设计一：比兴我来谈**

1. 同学们查阅相关资料，了解比兴的手法。
2. 根据所查阅的资料，自己制作电子小报。
3. 分小组交流自己了解的有关"比兴"的知识。

▲ **活动设计二："比兴"大玩句**

1. 找到《回延安》中运用比兴的句子。如"树梢树枝树根根，亲山亲水有亲人"。
2. 用比兴的手法仿写一句话。

▲ **活动设计三："比兴"大玩话**

1. 找到《回延安》中运用比兴的一段话。如"树梢树枝树根根，亲山亲水有亲人；羊羔羔吃奶眼望着妈，小米饭养活我长大。"
2. 运用比兴手法，写一段话，表达情感。
3. 明确格式：两行押韵，形式活泼，节奏自由。
4. 展开小组讨论。

▲ **活动设计四："比兴"大写诗**

1. 运用比兴手法，写一首诗，学会运用文中富有特色的语言表达。
2. 诗歌主题可以是学校、家庭、社会、成长、青春、兴趣等。
3. 写好后同学们互相评价补充。

▲ **活动设计五："比兴"大改动**

1. 思考下，如果《回延安》这首诗不用比兴手法，改成别的语言形式，诗人会怎么写？
2. 写出改动后的诗句。
3. 比较改句和原句的区别，并讨论异同。

(四)课堂小结

整体把握诗歌,要在把握情感的基础上分析语言表达。这节课,我们主要分析比兴手法对诗歌表达效果的作用,并且在语文实践活动中运用比兴手法。

(五)布置作业

在这首诗歌中找五处地方,从语言表现力的角度写出点评。

3 安塞腰鼓

刘成章

一、教学目标与学习要素

(一) 教学目标

1. 感受安塞腰鼓所宣泄的生命力量,激发学生对人生的思考。
2. 学习运用修辞手法、短句和富有张力的词语所构成的场面描写。
3. 能够借鉴本文的写作技巧,完成场面描写。

(二) 学习要素

1. 多种朗读方法可以体会文本情感。
2. 长短句相结合的场面描写,富有张力的重点词语。
3. 从描写、修辞等表现方式和用词、句式、写法等方面赏析语言。

二、教学建议

《安塞腰鼓》是一篇通过描绘安塞腰鼓来展现磅礴精神的抒情散文。语言丰富多样,我们从不同的角度欣赏,都可以感受到蕴涵其中的艺术美。

学生在读这篇文章的时候,对这类散文语言的表现手法,可能会浮光掠影,所以教师要循序渐进,从整体到局部,从共性到个性,引导学生充分关注文本。作为一篇自读课文,教师不仅要指导学生通过朗读,增进对文本的理解,通过勾圈画重要语句或段落,学做摘录,还要体会语言的艺术形式,并能够进行语文要素的鉴赏和运用,从而深入体会文本的含义。

三、教学过程

(一) 导入

播放歌曲《黄土高坡》,今天,我们一起踏上黄土高原,欣赏有"天下第一鼓"之称的安塞腰鼓。

(二) 活动设计

▲ **活动设计一：《安塞腰鼓》我来看**

1. 电脑播放有关安塞腰鼓的视频和图片,学生观看。
2. 谈谈你所了解的安塞腰鼓。

提示：用这样的句子表达,如：我看到(　　　)的安塞腰鼓。

▲ **活动设计二：《安塞腰鼓》我来赏**

1. 圈画自己欣赏的语句,从"语言、修辞、用词、句式、写法、个人感受体会"等几个角度来进行赏析。
2. 小组交流讨论,我欣赏的句子是(　　　),欣赏理由是(　　　)。
3. 进行仿句练习,用"安塞腰鼓之美在于(　　　),你看(听)(　　　)"的句式叙述出来。

▲ **活动设计三：《安塞腰鼓》我来导**

1. 同学们根据课文内容,完成下面的导演手记。

场景	道具	演出指导(角色的神态、动作)
表演前		
表演中		
表演后		

2. 部分同学表演其中一个场景。

▲ **活动设计四：《安塞腰鼓》我来推**

1. 腰鼓是安塞的特色,现在我们要打造腰鼓作为安塞的品牌名片,班上准备开展一次"安塞腰鼓推荐"活动。同学们根据课文内容填写推荐表,并写出三条推荐理由。

"安塞腰鼓"推荐表
我推荐：
理由一：
理由二：
理由三：

2. 请你为安塞腰鼓拟写一则广告词,并说明广告词中的创意,通过说明理由,进一步了解文章内容和情感。

▲ **活动设计五:《安塞腰鼓》我来广**

1. 为了进一步在网络上推广安塞腰鼓文化,根据课文内容,仿照示例,编写安塞腰鼓的词条。

示例:沪剧,上海市地方传统戏剧,国家级非物质文化遗产之一。沪剧起源于浦江两岸的田头山歌和民间俚曲,在流传中受到弹词及其他民间说唱的影响,演变成说唱形式的滩簧。

安塞腰鼓词条:
_____
_____

2. 假设你是网络主播,为了传播腰鼓文化,你打算在直播间怎么和网友互动?根据课文内容,请写下你的互动方案。

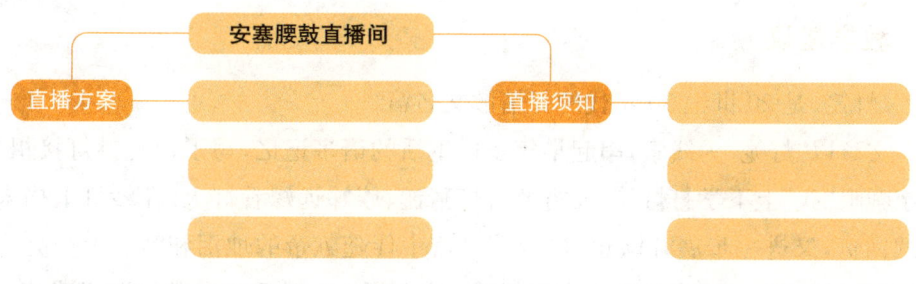

(三) 课堂小结

通过本堂课的学习,我们掌握了课文的语言和思路,了解到安塞腰鼓通过富有动感特色的语言,表达丰富的思想情感。通过这些教学活动,我们不仅要明白作者写什么,更要明白作者怎么写,为什么这样写,从而掌握阅读这类散文的路径。

(四) 布置作业

模仿这篇文章的场面描写,写一个生活中的场景,200字左右。

4 灯笼

吴伯箫

一、教学目标与学习要素

(一) 教学目标

1. 梳理作者思想感情的脉络,理解文中"灯笼"的民俗意义、文化价值。
2. 品味文中富有表现力的语言。
3. 理解以小见大的写法,体会作者寄寓的丰富情思和深沉热烈的家国情怀。

(二) 学习要素

1. 分析所写事物中寄寓的情思,把握思想感情的脉络。
2. 富有表现力的语言。
3. 以小见大的写作手法。

二、教学建议

《灯笼》是 20 世纪 30 年代的抒情散文名篇。

文章以"灯笼"为线索,串起早年乡村生活的诸多记忆,写了夜晚挑灯接祖父、母亲嘱咐"我"上下学打灯笼、元宵节看灯猜谜、族姊远嫁看灯火、在纱灯上描宋体字的回忆,又进一步展开联想,描画了汉宫中伴随献帝的烛泪和沙场上照亮将军的灯光。阅读时需注意梳理文章思想感情的脉络,进而理解作者的思想感情。小小的灯笼,承载着厚重的文化内涵,展现了旧时的乡风民俗,表达了对故乡和亲人的怀念之情;同时还以小见大,表达了作者以天下为己任、愿为保卫国家充当"马前卒"的意志和热情。

文章综合运用多种表达方式,既创设了感人的意境,又抒发了强烈的情感。多处引用或化用诗文典故,增强了文章的文化内涵。而文中过去与现在交织,形成时空交错效果;在描述中穿插想象与情感的内容,呈现出空间上的跳跃;现实世界和想象世界的人、事、物交替,达到了虚实结合的效果。其语言清新典雅而含蓄蕴藉,但有些词句与当下的书面语表达有些差异,更需要学生慢读细品,读出意味情味。

三、教学过程

(一) 导入

日常生活中,你在哪些地方见到过灯笼?

灯笼,在今天的生活中,它或许只是孩童的玩具、节日的装饰,但在电灯未出现和未普及的年代,却是人们生活中的必需品,承载着厚重的文化内涵和丰富的情思。

【灯笼小百科】

灯笼是一种古老的汉族传统工艺品,既是一种照明用具,也是营造喜庆氛围的装饰品。常见的有宫灯、纱灯、走马灯、花灯、龙灯等。

(二) 活动设计

▲ **活动设计一:我为课文配插图**

作者在第二段末写道:"真的,灯笼的缘结得太多了,记忆的网里挤着的就都是。"关于灯笼的缘有哪些呢?阅读课文第 3—11 段,找出文中与灯笼有关的描述,并为其选一个合适的灯笼作为配图。

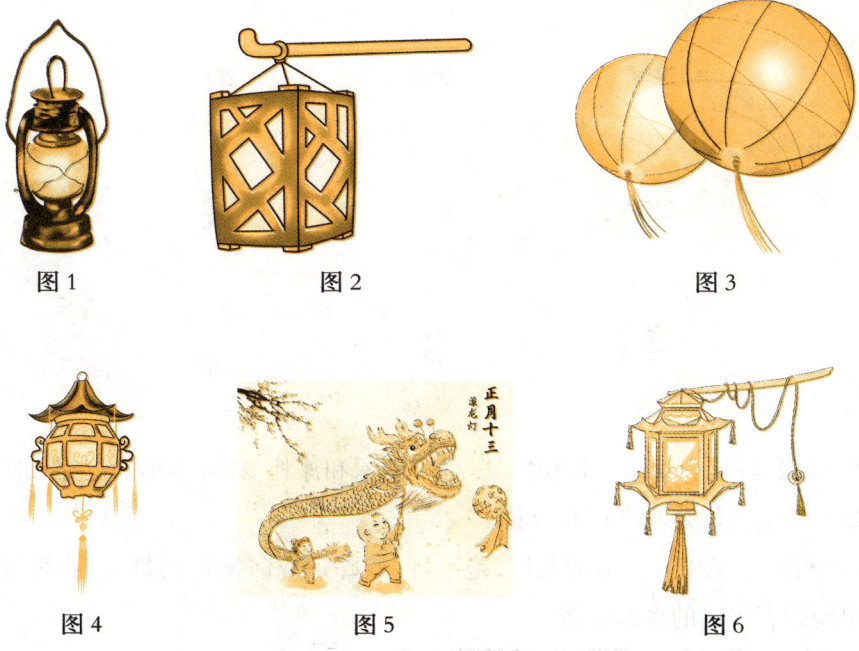

图1　　　　　　图2　　　　　　图3

图4　　　　　　图5　　　　　　图6

示例:第 3 段写到童年时提灯笼接晚归的祖父。可以选图 2 作为配图。

▲ **活动设计二:品情味　理灯笼**

请一位同学朗读 3—6 段,大家一起体会画面里的灯笼当时曾带给作者怎样的感受?

(　　　)的灯笼让人感到(　　　)。

第 3 段中作者写到了两个灯笼,一是"我"接祖父回家路上所提的灯笼,二是庭院里为晚归的我们亮着的灯笼。这两个画面都让作者感受到温暖。走夜路,对于一个孩子来说本是害怕的,而祖父牵着"我"的手,一路上和"我"数星星讲掌故。灯笼的光照着前方,身边是祖父讲着"我"爱听的故事,这是家人的陪伴,画面自然是温暖的。而夜深时分,院子里还为晚归之人亮着一盏灯笼,这是家人的守候。两处灯笼照出的是长幼情笃,是家的归属。作者回忆起当初的这一切,他的情感是"思慕",作者所思慕的正是这份长幼情笃家人温情。通过圈画描述写灯笼画面的语句,关注画面里的人事物,同时关注作者的抒情议论,体会作者的感受。

自读第 7—11 段,说出灯笼的不同情味,并找出其中的联系。

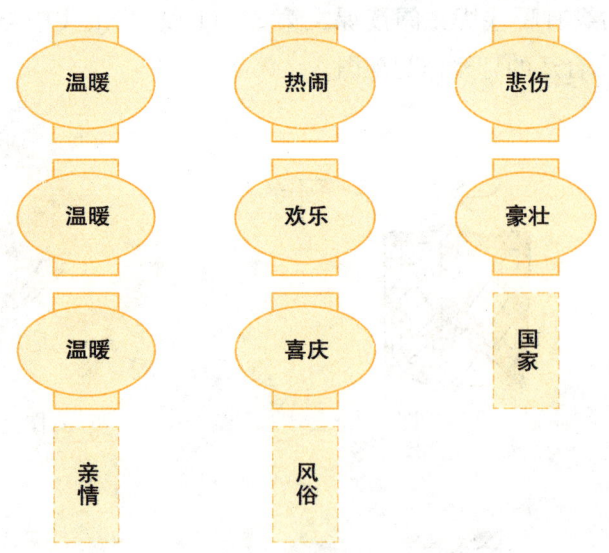

3—6 段,灯笼中凝结了长幼情笃,母子情深和淳朴乡情,小小的灯笼在暗夜中给人带来的不仅仅是明亮还有温暖。

7—9 段,记忆中元宵节的龙灯、跑马灯,族姊远嫁时满街的灯火,各种样式的灯笼里闪耀着浓厚的乡情民俗。

10—11段，与汉献帝做伴的灯笼里是国家衰亡的哀伤，而辛弃疾、霍去病身边的灯笼光同日月，灯笼传承了炽热的爱国情怀，激发起为祖国奔走的豪壮之情。

文章从细碎小事写起，取材横跨时空。既有孩提时的生活经历，又有节庆时的民间风俗，更写到了面对日寇入侵愿做灯笼下的马前卒的愿望。由一家一村写到天下，由一时一事写到历史，由个人写到社会，最后写国家之事、抒壮阔之情，正是从小处写起、以小见大的写法。

▲ **活动设计三：小小朗读者**

本文多用短句，多引古语，多书面语，所以语言富有声韵之美、简净之美、典雅之美。请同学们根据提示找出相关语句或段落，选择自己最喜欢的部分朗读。

如"雪夜驰马，荒郊店宿，每每令人忘路之远近"中四字短句，语言简净，读之琅琅。

如"最壮的是塞外点兵，吹角连营，夜深星阑时候，将军在挑灯看剑……"化用辛词，不仅使行文更具古韵，也将诗人的爱国情怀融入了自己的文字。朗读时应读出作者为国效力的豪壮之情，读出作者召唤同胞一起战斗的热烈情怀。

（三）课堂小结

本文所写之事多而杂，所抒之情非常丰富。我们在学习中首先概括细碎事件，再梳理出这些事件所蕴情感的关联，进而找出了事件之间的情感脉络，理解作者寄寓其中的家国之情。

同时，优秀的散文作品情深言雅，一定要反复朗读涵咏，在语言声韵之美中体会文章深厚的情味。

（四）布置作业

小小的灯笼在作者文中思接千载，跨越时空，起于孩童琐事，系于乡情民俗，终于家国之情。这种以小见大的写作方法是不是给了你一些启发？请你选取一种物品（如烟花、台阶等），结合自己的生活经历和阅读积累，写出至少三件与之有关的事。

写作　学习仿写

一、了解仿写

仿写是语文写作教学的重要组成部分，目的是通过模仿提高学生的写作能力，从而做到"读写结合，以读促写"，正如杜甫所说，"别裁伪体亲风雅，转益多师为吾师。"

仿写，就是模仿某些范文的立意、构思、布局谋篇或表现手法进行写作的一种写作训练方法。对初中生来说，仿写是在原有的生活和语言积累的基础上，模仿借鉴典范文章的某些特点来进行创作。它不是生搬硬套，更不是抄袭他人文章，而是一种巧妙化用和创新的写作方法。其主要作用体现在以下两个方面：

（1）仿写能帮助学生克服写作时的畏难情绪，坚持仿写练习，能逐步提高写作水平。

（2）仿写是创新的基础。对于初中生来说，模仿和借鉴优秀作品的写作手法，可以完成从仿写到创造的写作过程。

二、仿写步骤

第一，仿写前必须仔细阅读范文，借鉴优秀作品在写作上可供仿写之处。

第二，仿写要有针对性，根据文章全篇和局部可以进行仿写，如仿写文章的思路结构、仿写文章的重点段落等。

第三，仿写要在模仿的基础上，形成自己的语言风格和特色。

三、教学目标

1. 能认真研读、学习、模仿、借鉴，确定仿写点。
2. 养成读写结合的好习惯，提高自己的写作水平。

四、学习要素

1. 研读优秀作品，确定仿写点，掌握仿写的技巧。
2. 根据作品的仿写点进行仿写，在模仿中有所创造。

五、教学过程

（一）导入

常言道："天下文章一半抄。"对于这个"抄"字应这样理解，如果理解为模仿他人的写作方法，巧妙地化用和创新，那就是高超的仿写。

一切学习都是从模仿起步。如学习书法，需要临摹过程。写作也是如此。正如朱熹说："古人作文写诗，多是模仿前人而作之，盖学之既久，自然纯熟。"

（二）活动设计

▲ 活动设计一：仿写飞花令

请同学们分组接令，依照例句仿写，看哪一组能坚持得更久。

例句：

1. 事业说：人生就是努力的攀登。
2. 朋友是什么，朋友是快乐日子里的一首歌，尽情地为你弹奏生活的愉悦。

仿句：

_____

▲ 活动设计二：仿写小试手

观看视频后，模仿《安塞腰鼓》中的精彩片段，描写一个典型的场面。

一群茂腾腾的后生。

他们的身后是一片高粱地。他们朴实得就像那片高粱。

咝溜溜的南风吹动了高粱叶子，也吹动了他们的衣衫。

他们的神情沉稳而安静。紧贴在他们身体一侧的腰鼓，呆呆的，似乎从来不曾响过。

但是：

看！——

一捶起来就发狠了，忘情了，没命了！百十个斜背响鼓的后生，如百十块被强震不断击起的石头，狂舞在你的面前。骤雨一样，是急促的鼓点；旋风一样，是飞扬的流苏；乱蛙一样，是蹦跳的脚步；火花一样，是闪射的瞳仁；斗虎一样，是强健的风姿。黄土高原上，爆出一场多么壮阔、多么豪放、多么火烈的舞蹈哇——安塞腰鼓！

▲ 活动设计三：仿写小达人

四人小组交流仿写片段，选一篇集体修改后，在班级中进行交流，同学互评，最后投票选出本轮仿写的小达人。

（三）课堂小结

通过这堂课，我们了解了仿写的定义、作用和步骤，研读优秀作品，确定仿写点，掌握仿写的技巧，并在模仿中有所创造。在一系列的仿写活动中，我们可以在实践中提高学生的写作能力。

（四）布置作业

以《难忘的画面》为题，写个具体的场面。

建议：选择《社戏》中"我"看社戏的过程揣摩借鉴其具体写法。安排好文章的线索与结构，并注意综合运用多种表达方式，让文章更有表现力。

口语交际　应对

一、教学目标与学习要素

（一）教学目标

1. 了解应对的概念。
2. 明确应对的要素。

（二）学习要素

1. 准确表达自己的观点。
2. 应用语文知识解决生活中的实际问题。

二、教学建议

在日常交往中，当有人向我们提问、建议或者质疑，采取恰当的方式做出回应，就是应对。广义的应对包括所有的聊天、问答、讨论等，包括随机应变等话语能力。

学生对于应对并不陌生，平时的口语交际某种程度也是种应对，但是，学会如何应对，要做到也不是件容易的事情。特别是掌握应对的技巧，显得尤为重要，所以，教师应设计一系列的学习活动，帮助学生了解应对的概念和技巧，并掌握如何应对，做到巧妙回应。

三、教学过程

（一）导入

通过讲述周总理应对外国记者的小故事，激发学生学习应对的兴趣。

故事：一位美国记者在采访周总理的过程中，无意间看到总理桌子上有一支美国产的派克钢笔。那记者便以带有几分讥讽的口吻问道："请问总理阁下，你们堂堂的中国人，为什么还要用我们美国产的钢笔呢？"很明显，这位记者的本意是想挖苦嘲讽周总理，周总理听后，说了一席风趣的话。他说，这支钢笔是他的一位朝鲜朋友在战争中的战利品，当时还在进行抗美援朝战争，中国部队歼灭美军一支部队之后,清扫战场的时候发现了这支钢笔,于是就把这支钢笔托人赠送给周总理,以表现两国之间的友谊常青。美国记者一听,顿时哑口无言,丢尽颜面。不仅在外交活动,在我们平常的口语交际中,应对也发挥着重要的作用。

(二)活动设计

▲活动设计一:"应对"知多少

1. 阅读教材和相关资料,了解什么是应对以及践行应对的一些做法。
2. 整合资料信息及小组讨论成果,形成"应对"相关知识小报。

▲活动设计二:"应对"连连看

1. 玩一个连连看游戏,左边对应的是应对小故事,右边是应对策略,用线连起来。
2. 连好以后说理由。

示例:

应对小故事 —— 应对策略

▲活动设计三:"应对"达人秀

1. 收集应对的小故事,小组各成员分工明确,各有任务(如导演、主编、主演等)。
2. 学生按照分工各自确定要表演的应对小故事,做到内容充实表演逼真。
3. 表演结束后各小组进行点评。
4. 活动中一定注意学生的分工与合作,注重内容与形式的统一,让学生在自主组织活动中体验合作与成功的喜悦。

▲活动设计四:"应对"大标语

1. 学生撰写"应对"的标语。(标语参考:学好应对,笑容满面)
2. 小组讨论,明确标语撰写一般要求。
   (1)主题鲜明,一目了然。
   (2)句式整齐,朗朗上口。
3. 撰写"学会应对"校园宣传标语,要求和校园生活相关,学生互相点评并修改,挑选最适合的若干条标语张贴在校园中作为宣传,激发学生对学校的关心和主人翁意识。

(三) 课堂小结

这节课,通过各个环节的活动,同学们不仅了解了什么是应对,如何去学会应对,还用我们的实际行动向全体师生倡导应对。同时,我们不仅学会了如何在生活中运用语文知识去解决问题,也懂得了如何与他人合作与分享,恰当表达自己的意见和看法。

(四) 布置作业

1. 阅读下面的应对案例,简要分析、评价这些名人采用的应对技巧。

(1) 孔融十岁的时候就表现出超乎寻常的聪明才智,得到人们的赞许。有一个叫陈韪的官员却当众不以为然地说:"小时了了(聪明),大未必佳。"孔融立即回应道:"想君小时,必当了了。"

(2) 一名英国女士非常喜欢钱锺书的小说《围城》,于是打电话给钱锺书请求见面。钱锺书对她说:"假如你吃了个鸡蛋觉得不错,何必认识那下蛋的母鸡呢?"

(3) 一位年轻的画家拜访德国著名的画家阿道夫·门采儿,向他诉苦说:"我真不明白,为什么我画一幅画只用一会儿工夫,可卖出去要整整一年。""请倒过来试试吧,"门采儿认真地说,"要是你花一年的工夫去画它,那么只用一天就准能卖掉它。"

2. 为让更多人学会应对,小红准备进行一次校园调查,请帮她设计一份问卷调查表。

提示:

应对的调查问卷			
调查数据统计	调查方式	调查的问题	调查对象

单元练习

习题测试

1. 阅读《社戏》,梳理文章结构,全文以_____为线索,分为三部分,可概括为:
   (1) _____,
   (2) _____,
   (3) _____。
   可见,全文的叙述顺序是_____。

2. 真的,一直到现在,我实在再没有吃到那夜似的好豆,——也不再看到那夜似的好戏了。
   谈谈对这句话的理解。
   _____
   _____

3. 请从语言表现力的角度赏析下面的诗句。
   手抓黄土我不放,
   紧紧儿贴在心窝上。

   ……

   几回回梦里回延安,
   双手搂定宝塔山。
   _____
   _____

4. 如何理解《灯笼》这篇文章的主旨?
   _____

5. "多水的江南是易碎的玻璃,在那儿,打不得这样的腰鼓。"为什么说"多水的江南"打不得这样的腰鼓?

6. "耳畔是一声渺远的鸡啼",为什么听到这样的"鸡啼"?

7. 请从这个单元选一篇你最喜欢的课文,并谈谈理由或感受,100字左右。

答案与解析

1. **答案**:课文以看戏为线索,分为看戏前(1—3段)、看社戏(4—30段)以及看戏后(31—40段)三个部分。第一部分看戏前的波折、第二部分夜航途中的见闻感受,第三部分看戏后偷豆。叙述顺序是顺叙。

解析:本题考查行文思路的梳理和主要内容的概括,需在逐段了解要点的基础上,用"同类合并"的方法,把全文划分为几部分,再通过关键语句来筛选并整合重要信息,归纳每部分的重要内容。记叙文的叙述顺序有三种,顺叙、倒叙、插叙,本文是按照时间先后事情发展过程来写的。

2. **答案**:社戏并不特别好看,豆也并不特别好吃,但"看社戏""偷豆吃"是在平桥村这片乐土上"我"感受最强烈、印象最深刻的两大乐事。"我"永远不能忘记的是平桥村的老人和孩子那朴实、真挚的情谊和他们勤劳善良、聪明能干的美德,再加上美丽怡人的江南水乡风光,自由平等的气氛,人与人之间和谐、亲密的关系,这一切都是"我"在"那夜以后"的城镇生活、人生旅途中再也不曾感受到的。看戏与偷豆所代表的是对自由快乐的童年生活怀念,对往事的回忆,表达了对美好生活的向往之情,对自由舒展的人生境界的追求。所以,"我"自然认为是好戏和好豆,并且难以忘怀。

解析:本题考查重点语句的理解,需要在通读文意的基础上,结合文章内容和中心主旨情感表现加以理解,写出"好豆""好戏"背后蕴含的深层含义。

3. **答案**:这里运用了细致的动作描写,丰富地表达了情感,一个紧密的"抓"字,表现了作者久别延安后再次重逢的激动之情。"贴"字写出亲密无间,用情至深溢于言表。"搂定"亲切而又坚定,表达诗人对延安的一往情深。

解析：这题考察的是人物描写的作用，人物描写包括语言描写、动作描写、心理描写、肖像描写。人物描写可以体现人物的状态、思想情感、性格品质。这道题通过细致的动作描写，表达了作者对延安一往情深的感情。

4. **答案**：本文回忆了"我"关于灯笼的一些记忆，从文化层面及个人情感层面表达了灯笼对于他乃至民族的重要意义，表达了"我"对时局的担忧和对未来的期望，希望有更强大的力量，有更具凝聚力的精神，团结抗战，打败敌人，保卫好自己的家园。

解析：这题考察的是中心主旨的理解，散文的中心主旨体现在作者的抒情议论句，或者从事件行为中分析出来。

5. **答案**：江南给人的感觉是柔弱的，娇媚的，而安塞腰鼓需要承载原始、粗犷的生命力量的黄土高原，所以江南打不得这样的腰鼓。

解析：这题考察的是句子的理解，句子理解要结合文本内容，作者情感思想、写作意图，并紧密扣住关键词，这里要抓住"如水""易碎"等词语，突出江南柔弱的特点。

6. **答案**：这里是以动衬静，突出腰鼓表演结束后安静的场景，人们仍沉浸在鼓声的激情中，内心深受触动。

解析：这题考察的是表现手法，句子的表现手法多种多样，比如悬念、动静结合、铺垫、欲扬先抑等等，要结合句子具体语境分析。

7. **答案**：略。

解析：这题是考察的自由拓展题，抓住一个角度写出阅读感受即可。

第二单元

单元教学目标

1. 理清说明顺序,筛选主要信息,读懂文章阐述的事理。
2. 学习分析推理的基本方法,善于发现问题、思考问题、质疑问题,激发科学探究的兴趣。

单元内容框架

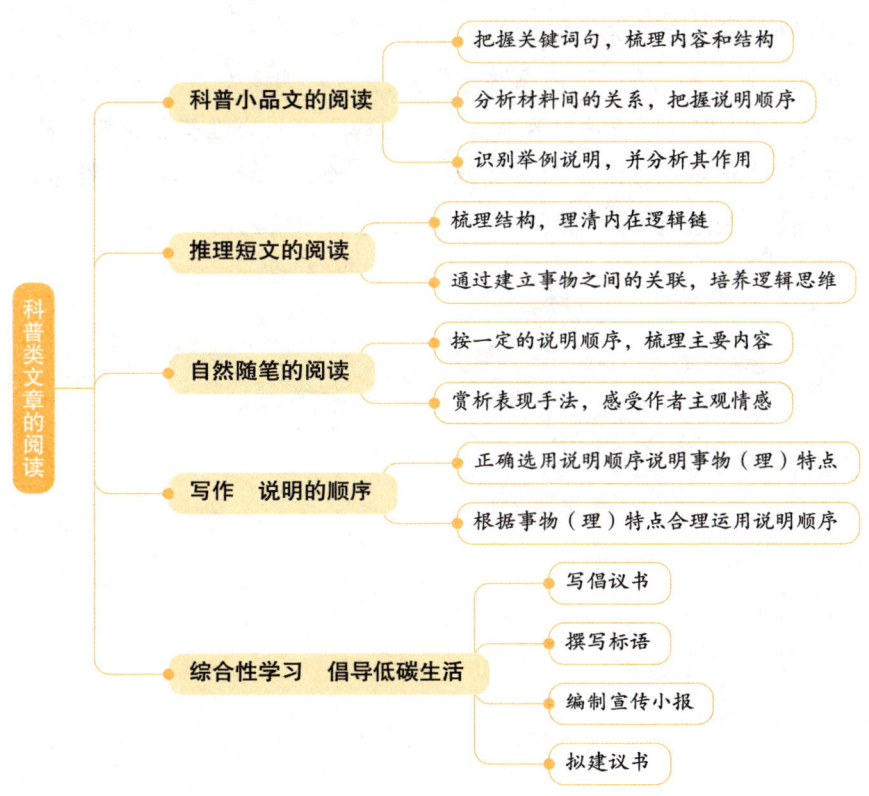

单元设计说明

本单元的课文都是阐释事理的说明文,涉及物候学、地质学、生态学等领域,体现了求真、严谨的科学精神。《大自然的语言》以清晰的条理、充分的例证向读者阐释了物候学的特征,通俗而严谨,体现了求真的科学精神;《阿西莫夫短文两篇》从现象到本质,层层推进,充分论证,体现了强大的逻辑思维能力和科学探究精神;《大雁归来》作为一篇科学观察笔记,在真实记录大雁习性的基础上融入了深切的情感和哲学思考,尽显作者博大的人文情怀;《时间的脚印》通过逻辑顺序将众多材料有机组合,引导读者通过"岩石"读懂"历史"。阅读科普读物,要把握其科学性、知识性和通俗性的特征,不仅要理解作者所传播的专业知识,更要理解作者通过怎样的方式来表达观点。将"课文内容"和"作者的表达"结合起来,提炼出需要教学的核心内容,通过活动设计引导学生理解文本,就能习得科普文章的一般性阅读模式,提升阅读科普读物的能力。

本单元写作教学为"说明的顺序",是在学习前四篇科普文基础上的实践运用,重在教学生能够根据说明对象特点和内容的侧重点合理安排说明顺序。综合性学习主题是"倡导低碳生活",通过活动设计,如撰写标语、编制小报等,引导学生宣传并践行低碳生活,能应用语文知识解决生活中的问题。

5　大自然的语言

竺可桢

一、教学目标与学习要素

（一）教学目标

1. 整体感知课文，能通过关键词句筛选重要信息并概括要点。
2. 理清思路和结构，学习有条理地说明事理。
3. 理解并把握举例说明的方法及其作用。
4. 通过比较品析，体会本文语言准确严谨、生动优美的特点。

（二）学习要素

1. 关键词句体现写作思路和内容要点。
2. 充分的例证、准确的语言体现科普文的科学性。
3. 科普文带有文学色彩。

二、文本解读

（一）课文整体解析

《大自然的语言》是气象学家、地理学家竺可桢创作的科学小品文。这篇文章以通俗又不乏生动的语言介绍了物候及物候学的相关知识。全文条理清晰，语言简洁生动，通俗易懂地向读者普及了科学知识，是一篇经典的科普文。

学习本文，首先要提炼出需要教学的核心内容。本文重点在于说明物候学的特征与本质，围绕这一重点，按照人们的认知规律，作者依次介绍了物候和物候学的概念、物候对于农业的重要意义、物候现象来临的决定因素、研究物候学的意义，这是文章主要的说明内容，也是学生理性解读文本的基础。在梳理主要内容时，要能通过抓住关键句、关键词来筛选并重组重要信息，这也是阅读科普文的重要能力。

其次，在把握"课文内容"的基础上，需要进一步分析"作者的表达"，即作者是如何把深奥的科学专业知识通俗易懂地呈现在读者面前。对于本文来说，主要体现在简洁生动的语言和充分的例证上。如，为帮助读者更好地了解物候这一概念，开篇选取了具有代表性的体现四季交替变化的景物和对气候变化最敏感的生物,形象地阐释了物候就是"同气候相关的自然现象";在说明物候现象来临的决定因素时,因为这一说明内容涉及地理学等,读者相对较难理解,所以作者列举了大量的实例,以充分的例证来支撑自己的观点,同时使说明更加通俗具体,体现了科学作品的求真精神。这些表达方式的运用,都是为了帮助读者更好地掌握物候的特征和原理。但是,科普文终究是说明文,任何描写或例子都不是其最终目的,只是为了能更好地说明科学道理。厘清"课文内容"与"作者的表达"之间的关系,是阅读科普文章的关键所在。

本文是根据竺可桢《一门丰产的科学——物候学》改写,即作者侧重说明的是物候学与农业丰产之间的关联,在当时时代背景下是具有一定现实意义的。所以,应关注到文章在说明过程中无论阐释还是举例,都紧紧围绕着研究物候学与农业生产的关系来展开,可见,本文作者的写作意图具有明确的指向性。

(二)重点语段细读

1. 立春过后,大地渐渐从沉睡中苏醒过来。冰雪融化,草木萌发,各种花次第开放。再过两个月,燕子翩然归来。不久,布谷鸟也来了。于是转入炎热的夏季,这是植物孕育果实的时期。到了秋天,果实成熟,植物的叶子渐渐变黄,在秋风中簌簌地落下来。北雁南飞,活跃在田间草际的昆虫也都销声匿迹。到处呈现一片衰草连天的景象,准备迎接风雪载途的寒冬。在地球上温带和亚热带区域里,年年如是,周而复始。

科普文通常以说明的表达方式为主,但是,为了使抽象的科学道理更形象具体,往往也会采用描写的表达方式。本文开篇,作者以诗一般的语言描写了四季交替的典型景象,以此来生动直观地说明物候这一抽象概念。在这一段中,作者以凝练优美的笔触描写了四季自然景象,大量四字句看似信手拈来,实则精心推敲,高度概括又显典雅庄重,且准确地表现了四季特点,充分体现了作者在文学方面的造诣。

2. 几千年来,劳动人民注意了草木荣枯、候鸟去来等自然现象同气候的关系,据以安排农事。杏花开了,就好像大自然在传语要赶快耕地;桃花开了,又好像在暗示要赶快种谷子。布谷鸟开始唱歌,劳动人民懂得它在唱什么:"阿公阿婆,割麦插禾。"这样看来,花香鸟语,草长莺飞,都是大自然的语言。

第2段在第1段的基础上再以具体现象为例,用"草木荣枯,候鸟去来"和"花香鸟语,草长莺飞"等富有诗意的语言具体描述"大自然的语言"。"传语""暗示"

"唱歌"拟人手法把大自然中丰富的物候写活了,动词运用富有变化,增强了文章可读性。同时,本段强调了物候与农事之间的关联,引出下文关于利用物候知识来研究农业丰产的说明。

3. 北京的物候记录,1962年的山桃、杏花、苹果、榆叶梅、西府海棠、丁香、刺槐的花期比1961年迟十天左右,比1960年迟五六天。

这句话综合运用了举例子、列数字、作比较的说明方法,具体准确地说明了物候现象的时间差异,引出后文进一步说明这些物候观测资料对于农业的重要性。"左右"一词,严谨周密,体现了说明文语言的准确性。

4. 物候现象的来临决定于哪些因素呢?

采用设问的修辞,激发读者的兴趣和思考,同时总领下文对物候现象来临决定因素的具体说明。说明文中,尤其要关注设问句,其对下文内容往往有提示总领作用,能帮助读者快速把握主要内容。

5. 物候学的研究首先是为了预报农时,选择播种日期。此外还有多方面的意义。物候资料对于安排农作物区划,确定造林和采集树木种子的日期,很有参考价值,还可以利用来引种植物到物候条件相同的地区,也可以利用来避免或减轻害虫的侵害。

通过抓住关键词、关键句能快速准确把握说明内容。如"物候学的研究首先是……此外还有多方面的意义",可见本段说明内容是"物候学研究的意义";从"首先""此外""还可以""也可以"路标性的关键词则可以迅速提取四点重要意义,并按由主到次的逻辑顺序突出物候学研究对于农业生产的意义。

三、教学过程

第一课时

(一)课时目标

1. 整体感知课文,能通过关键词句筛选重要信息并概括要点。
2. 在概括的基础上理清思路和结构,学习有条理地说明事理。

(二)导入

同学们,现在是什么季节呢?如果不看日历,我们如何得知现在是什么季节?

提示：可以通过自然现象来感知大自然的气候变化，即题目所说的"大自然的语言"——物候。

（三）活动设计

▲活动设计一：物候知识我来说

1. 阅读全文，思考围绕物候，作者写了哪些内容，并在文中圈画关键语句。

2. 整合关键信息，用简洁的语言向学生介绍从文中学到的物候知识。（100字左右）

3. 学生互相评价补充。

提示：说明文概括要点时，要重视首尾句、疑问句、独立成段的句子、下定义以及解说性语句的作用，重视具有前后衔接、呼应、关联作用的词语，重视冒号、分号等具有区分作用的标点符号。其中关键词语主要有下面几类：①表示指代性的词语，如"这""那些""它"等。②表示语法关系的关联词语，如"相反""此外""更加""也""另一方面""首先""其次""所以""总之""由此看来"等，阅读时可以把这些词语圈画出来。

如：

（1）这样看来，花香鸟语，草长莺飞，都是大自然的语言。这些自然现象，我国古代劳动人民称它为物候。（"是""称……为"这些词语是下定义的标志语）

（2）到了近代，利用物候知识来研究农业生产，已经发展为一门科学，就是物候学。（"就是"是下定义的标志语）

（3）物候对于农业的重要性就在这里。下面是一个例子。（结尾句，指代性词语"这里"勾连并总结上文，"下面是一个例子"引出下文，并表明下文内容是对"物候对农业的重要性"的具体举例说明）

（4）物候现象的来临决定于哪些因素呢？（设问句，且独句成段，总领下文）

（5）首先是纬度……经度的差异是影响物候的第二个因素……影响物候的第三个因素是高下的差异……此外，物候现象来临的迟早还有古今的差异。（各段起始句，也是中心句；"首先""第二""第三""此外"，表示这四段间存在逻辑关系，且要说明的内容一致）

（6）物候学的研究首先是为了预报农时，选择播种日期。此外还有多方面的意义。（"首先""此外"揭示句子间逻辑关系，表明其说明内容都是"物候学研究的意义"）

"物候知识我来说"示例:物候就是花香鸟语,草长莺飞等自然现象,利用物候知识来研究农业生产的科学就是物候学。物候观测对于农事活动非常重要。影响物候现象来临的决定因素包括纬度、经度、高下和古今的差异。研究物候学有多方面的意义,有利于农业丰产。

▲ **活动设计二:作者思路我来析**

1. 在把握要点的基础上,划分层次。

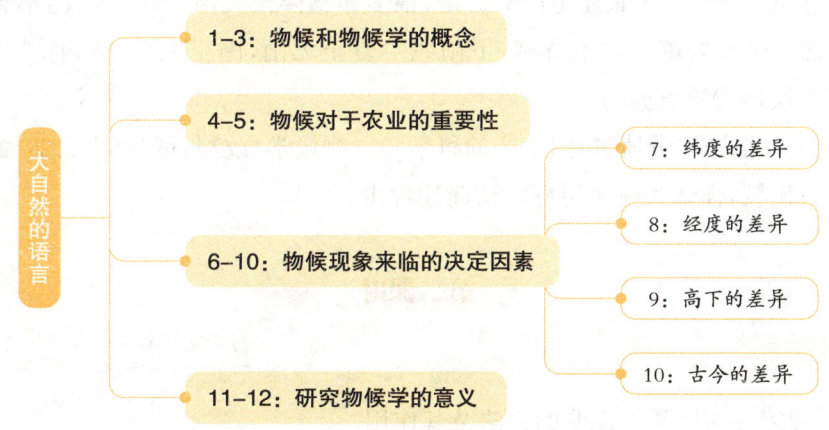

2. 学生根据以上思维导图,辨析写作思路。

明确:文章先从自然现象入手,提出物候和物候学的概念,接着说明其对农业生产的重要意义,再进一步说明决定物候的因素,最后指出物候学研究的重要价值。四个部分的顺序符合由浅入深、由现象到本质认知事物的规律,按照逻辑顺序,层次分明地向读者介绍了物候相关知识。

在说明物候现象来临的决定因素时,"首先"是最重要的,按顺序后面几项逐步递减。所以,这部分内容按四个因素的影响程度,由大到小,由主到次,按逻辑顺序依次排列,条理清晰合理。同时,前三者是空间顺序,第四个是时间顺序,从空间到时间又是另一种逻辑。

可见,本文主要采用逻辑顺序,条理清晰地向读者介绍了物候学的相关知识。

(四)课堂小结

要整体把握一篇文章,既要概括主要内容,又要理清行文思路。这节课,我们主要通过抓住关键词句来概括内容并梳理结构,这一阅读方法,在说明文中尤其重要,无论是对于全篇,还是某几段,或某一段,都是适用的。所以,同学们在阅读过程中,要学会辨别并圈画关键词句,这些往往是作者写作思路的路标,对文章内容和结构都起着重要的提示作用。

另外,通过分析材料间的关系,我们也理清了文章的结构,本文是一篇"事理"说明文,主要按逻辑顺序来说明,条理清晰,层次分明。

(五) 布置作业

1. 农谚,是指关于农业生产的谚语,很多和物候相关,如"蚯蚓爬上路,雨水乱如麻""燕子低飞要落雨""龟背潮,下雨兆""夏至无雨,囤里无米"等,你能再说出三个与物候相关的农谚吗?

2. 本文根据竺可桢《一门丰产的科学——物候学》改写,试与《大自然的语言》这一题目比较,你认为哪个更好?请简述理由。

第二课时

(一) 课时目标

1. 理解并掌握举例说明的方法及其作用。
2. 通过比较品析,体会本文语言准确严谨、生动优美的特点。

(二) 导入

上节课,我们通过关键词句梳理了文章的主要内容和思路结构,也大致了解了物候和物候学。那么,对于物候这样一个抽象的专业术语,作为科普文,作者又是如何把它通俗易懂地介绍给读者的呢?这节课,我们将从"作者的表达"来进一步学习课文。

(三) 活动设计

▲ 活动设计一:为科普文写"文案"

现代"文案"概念,源于广告行业,是指以语辞来表现广告信息内容,要求主题鲜明、生动形象、简要精练。

1. 从字面意思解释科普文概念。

科普文,根据字面意思,即普及科学知识的文章。科普文章是由从事科技工作的专家所写,目的是向大众普及专业知识,介绍事物相关特征或原理。

2. 从写作意图了解科普文特点。

既然是向非专业人士普及科学专业知识,那么这样的文章应该具有怎样的特点?

明确:科普文一般具有科学性、知识性、通俗性等文体特征。

科学性:符合事物的客观规律,主要体现在内容的真实性、思维的条理性和语言的准确性。

知识性:以文字为基本载体,以普及科学知识为目的。

通俗性:用简洁通畅的文字介绍科学知识,深入浅出,易于读者理解。有时,也用文艺形式来创作,达到生动有趣,引人入胜的效果。

3. 以"……你好,我是科普文"的形式撰写文案,30 字左右。

示例:知无不言,言无不实。拒绝高冷,严肃与软萌并存。你好,我是科普文。

▲ 活动设计二:城市大 PK——各自亮招

为了能更通俗形象地说明事物或事理特征,科普文章常常会用到一些说明方法,举例子是本文用得最多的说明方法,以 7、8、9、10 段为例,结合地图,体会作者选择这些例证的用意。

1. 作者在这 4 段中列举了不少城市,请学生找出这些城市。
2. 分组以"角色扮演"的形式进行城市间的对话。

如:南京与北京——"两座古都,你们想证明什么?"

大连和北京——"问北京:你为何两处兼职?"

济南和烟台——"为什么要把我们放一起?"

英国——"你为什么要穿越?"

3. 学生以组际问答形式进行 PK,展示成果。

明确:在具体说明关于影响物候来临的种种因素时,为了把问题讲得浅显、通俗,作者将理论和实例结合起来,而这些实例也有力地支撑了作者的观点。

在说明纬度对物候产生影响的时候,作者举了经度相近,同是内陆的南京和北京为例,排除了其他因素的干扰;在说明经度对物候产生影响的时候,作者举了纬度相近的大连和北京,济南和烟台为例,并指出这是由于沿海地区和内陆的区别所造成的;在说明高下差异时,作者提出了"逆温层"这一特殊情况,可见其严谨的科学态度;在说明古今差异时,作者以英国为例,可见物候现象的普遍性。由此可见,举例不仅要能充分说明事物的特性,具有代表性和典型性,还要充分考虑其

特殊性和普遍性,这是科学作品严谨求真精神的体现。(本活动建议参照地图加以解释,以更好领会作者选择例证的用心所在)

▲ 活动设计三:可盐可甜的语体风

1. 阅读本文,同学们会发现有两段文字的语言表达和文章整体语言风格有所不同,能找到吗?思考作者为什么这么写。

(1) 学生找到1、2自然段,并朗读。

(2) 以第1段为例,如果与文章整体风格保持统一,在不改变原意的基础上,可以怎么写?

示例:立春过后,花开了,鸟来了,于是转入夏季,植物开始结果。到了秋天,果子成熟,叶子落了,昆虫也消失了,寒冷的冬天就要来了。在地球的温带和亚热带区域里,年年如此,周而复始。

(3) 再次朗读,比较原文和改文的语言表达效果,体会作者这样写的用意。

原文开篇运用描写,以时间为序生动描绘了四季交替的景物变化,不仅形象直观地说明了物候,同时具有浓郁的文学色彩,增强文章可读性,激发读者阅读兴趣,避免了说明性文章容易产生的枯燥乏味之感。改文运用说明的表达方式,虽然语言平实准确,也能说明物候现象,但是缺乏趣味性和生动性,写在开篇难以激发读者兴趣,表达效果明显逊于原文。

2. 同样写落叶,本文前后语言风格也不同,为什么会有这样的变化?

(1) 到了秋天,果实成熟,植物的叶子渐渐变黄,在秋风中簌簌地落下来。(第1段)

(2) 植物的抽青、开花等物候现象在春夏两季越往高处越迟,而到秋天乔木的落叶则越往高处越早。(第9段)

明确:两句都写到了叶落。第(1)句是文章第1段内容,从色彩和声音的角度简单勾勒了秋天叶落的情景,简洁而生动,放在开篇增强了文章可读性。第(2)句是作为"高下差异是影响物候的第三个因素"的例证,语言简明平实,符合科普文以知授人的基本特征。

通过语言的比较品析,我们了解到表达方式的运用取决于作者的写作意图和情境。科普文一般以说明性文字为主,有时也会采用描写的表达方式,既服务于说明内容,又增加了文章的生动性和可读性。

3. 本文语言风格整体偏"盐"——平实,因为作为科普文语言讲究平实准确,这也是其科学性的体现。请同学们按照教师的示例在文中找出相关语句来简要说明。

示例：古代流传下来的许多农谚就包含了丰富的物候知识。

句中的"许多"限制了范围，因为并不是所有的农谚都含有物候知识，体现了说明文语言的准确性。

学生可在文中找出相关语句，主要从限制或修饰性词语来说明用词的准确性。

如：北京的物候记录，1962年的山桃、杏花、苹果、榆叶梅、西府海棠、丁香、刺槐的花期比1961年迟十天<u>左右</u>，比1960年迟<u>五六天</u>。

<u>凡是</u>近海的地方，比同纬度的内陆，冬天温和，春天<u>反而</u>寒冷。

（四）课堂小结

本文是一篇典型的科学小品文，兼具知识性和通俗性。通过筛选概括主要信息，梳理结构层次，我们不仅掌握了很多物候知识，也领会了文章严密的逻辑思路。同时，我们也要领会作者求真的科学精神和科学思想方法，具体体现在充分的例证，生动准确的语言，这些都是读懂科普文的关键所在。

（五）布置作业

当代作家阿来在《草木的理想国》中说："所谓物候，还是气象学家竺可桢先生的文章《大自然的语言》更有趣味。"请结合文章相关内容，对阿来的这句话作出评析。

6 阿西莫夫短文两篇

阿西莫夫

一、教学目标与学习要素

(一) 教学目标

1. 通过画结构图的方式重现推理过程,体会思维的严谨、实证的充分。
2. 比较分析两篇短文的说明内容和推理过程,领会说明要旨。
3. 学习作者运用已知科学知识来探索未知的精神,培养严密的逻辑思维和推理能力。

(二) 学习要素

1. 科学的结论源于充分的实证和严谨周密的推理。

实证:客观事实、观察资料、统计数据、科学研究、实验发现等。

推理:由已知判断推导出另一个新判断的思维形式,其客观基础是事物之间的联系。

2. 比较阅读在于探究两者间的区别和联系。

二、文本解读

(一) 课文整体解析

本课两篇短文选自《新疆域》,作者阿西莫夫是美国科普作家,科幻小说家。《新疆域》主要讲述一些科学小故事,短小精悍,引人入胜,涉及生物学、天文学、地质学、物理学等多个学科,并建立起不同学科间的联系,体现了善于探究的科学精神。

课文所选两篇短文就"恐龙灭绝"这一话题,从不同角度思考,从而获得新的发现和结论,给我们以启示:不同科学领域之间是紧密相连的,要学会从不同角度去思考问题,就会有新的发现。同时,我们也发现这两篇文章不同于一般的科普文,将所要传授的科学知识逐一呈现,而是似乎更具有故事性、情节性。究其原因,是因为两篇短文都以逻辑链的形式来组织材料,体现了强大的逻辑推理思维,而这一点,正是本文教学的核心内容。

《恐龙无处不在》开篇提出"不同科学领域之间是紧密相连的。在一个科学领域的发现肯定会对其他领域产生影响",这句话总领全篇,并引发读者思考——它们是如何紧密相连并产生影响的。围绕这一问题,作者从"在南极发现恐龙化石"这一事实引出板块构造理论,层层推理,验证"是大陆在漂移而不是恐龙自己在迁移",在生物学和地理学之间建立起了紧密联系,即恐龙化石是地球板块漂移说的有力佐证。这篇短文的推理逻辑链是"现象——观点——验证——结论"。

《被压扁的沙子》起笔提出导致6 500万年前恐龙灭绝原因的两个对立观点——"撞击说"和"火山说",引起人们兴趣。然后根据在恐龙灭绝年代的地质层中发现的重要证据——斯石英,再结合斯石英的形成条件分析推理,建立起化学、生物学、地质学之间的紧密联系,从而论证造成恐龙灭绝的原因应该是行星撞击。这篇短文的推理逻辑链是"观点——现象——验证(推翻)——结论"。

这两篇科普文章所介绍的都是深奥且与现实生活有一定距离的科学知识,但由于作者运用了明白如话的语言,又采用逻辑链的表述方法,思路严谨,从现象到本质,层层推理,逐步剖析,深入浅出地把原本深奥的知识解释清楚了。

教学本文时,应将两篇文章融为一个整体,既要寻找文本的内在联系和论证推理的共同点,也要比较两篇文章说明的不同角度,从而获得科学的思维方式。两篇文章都提到了"恐龙灭绝",也都证明了不同学科之间存在着紧密联系,《恐龙无处不在》是从恐龙化石遍布全球的角度来谈"板块漂移说",《被压扁的沙子》则是从探寻斯石英的形成推断恐龙灭绝"撞击说"。通过比较阅读,引导学生对观察到的现象理性分析,并形成发散性思维和创新思维,激发学生对科学的兴趣,培养主动探究的精神。

(二)重点语段细读

1. 不同科学领域之间是紧密相连的。在一个科学领域的发现肯定会对其他领域产生影响。

这个论断是全文的起点,总领全文,也是本文的要旨所在。《恐龙无处不在》中,从生物现象推理得出到地质学说的结论;《被压扁的沙子》中,从化学现象推理得出生物领域的结论,两篇短文都验证了这一道理。学习本文,不能仅限于知识的获得,更要习得这种科学的思维方式,即善于推理,在貌似风马牛不相及的事物间寻找内在联系,从而获得新的发现,这是思维创新的重要特征,也是科学研究的前提条件。

2. 恐龙不可能在每一块大陆上独立生存,那么它们是如何越过大洋到另一个大陆上去的呢?

承接上文恐龙无处不有,甚至在南极发现恐龙的事实,引出下文对"地球板块漂移说"的具体说明。抓住关键语句(过渡句)能帮助我们快速把握主要内容。

3. 这不仅仅是一个学术问题,因为我们将来也许还会遇到这样或那样的大灾难。(万一哪天某个星体要撞击地球,我们也许会知道如何来避免这种撞击。)我们需要尽可能多地了解这种事件所产生的影响,希望将来一旦面临这种事件,我们可以采取某种应急措施。

作者通过假设来揭示研究恐龙灭绝的现实意义。从"不仅仅""还会"等关键词可见研究意义有两层:解决学术问题以及为将来发生类似事情能够采取应急措施提供预案,可见科普文追求真理的科学精神。

4. 如果你把温度升得足够高,就可使这种变化加快。增温可以增加原子的能量,使它们之间能够相互分离,返回到原始状态。因此,如果在850℃的温度下把斯石英加热30分钟,它将变为普通沙子。(你也可以在真空中对金刚石加热,从而把它恢复到原始碳的状态,但谁愿意这样做呢?)

"850℃""30分钟",运用列数字的说明方法,准确地说明了在一定条件下,斯石英可以转化成普通沙子。而了解斯石英和普通沙子的转化条件正是推断恐龙灭绝原因的重要科学理论依据。括号内的句子以诙谐幽默的笔触来进行类比说明,不仅有助于读者理解其转化原理,也使行文更加活泼。

三、教学过程

第一课时

(一)课时目标

通过画结构图的方式来重现推理过程,体会思维的严谨、实证的充分是科学性的重要体现。

有经济学家表示,辣椒是反映经济好坏的晴雨表,辣椒供应量增加,意味着经济繁荣;辣椒供应量减少,预示经济下行,请同学们思考,辣椒和经济间有着怎样

的关系?

解答:辣椒是中华美食不可或缺的食材。经济繁荣时,人们腰包鼓涨,餐饮业风生水起,辣椒用量加大,产销两旺,经济萧条时,人们的经济活动和社交减少,下馆子变得"奢侈",辣椒用量随之减少。同时,经济衰败,农民工在城里挣不到钱,返乡人数大增,城里辣椒的销量也将大幅度下降。

可见,貌似不相干的事物往往有着紧密的联系,启发我们要善于建立起事物间的联系,善于思考,善于推理,从而认识事物的本质。

(三) 活动设计

▲ 活动设计一:一问恐龙——你为什么出现在南极

1. 阅读课文,分配角色(泛大陆、南极洲、恐龙),请学生以自白的形式简要阐释文中相关信息。

示例:

泛大陆的自白——聚散两依依:我是泛大陆,是地球上仅有的一个主要陆地,由许多大陆汇聚而成。但是,我命运多舛,因为板块漂移,在四十多亿年的地球发展史中,我不断地形成和分裂。我最后一次形成是在大约 2.25 年前,几百万年后,我分裂成四部分,随着时间推移,不断运动,就成了现在的七大洲。

南极洲的自白——我的前世今生:我是南极洲,曾经是泛大陆的一部分,和众多兄弟姐妹在一起。大约两亿年前,泛大陆开始分裂,我和澳大利亚一起来到最南部,但是,最终我们也失散了。

恐龙的自白——我命由天不由我:我是恐龙,我们曾经遍布泛大陆。但是,泛大陆搞内部分裂,四处漂移,我们也被迫妻离子散,一部分同胞命运悲惨,被带到冰天雪地的南极洲。

2. 综合以上三者,运用道具,以恐龙的口吻讲故事"我的南极漂流记"。

提示:可以把七巧板作为道具,在七巧板上标上各大洲名称,通过拼拆的方式演示大陆板块形成和分裂的过程,学生以第一人称口述恐龙南极漂移历程。(演示要点:时间点明确,泛大陆演变过程清晰,解说与演示的内容相契合,用词干净准确而又生动)

示例:大家好,我是恐龙。大约 2.25 亿年前,我和我的兄弟姐妹们生活在一片温暖而舒适的泛大陆上,我们遍布各地,经常串门。可是,几百万年后,泛大陆开始出现破裂的迹象,两亿年前,泛大陆终于分裂成四大块,我和我的同胞们也被迫分离。随着时间流逝,泛大陆继续四分五裂,我的同胞们也随之各自分散,我被南极洲板块带到了地球的最南端,那里气候寒冷,冰天雪地,已经不适合我生存了。现在,你们只能在几英里厚的冰雪层中找到我的化石了。

总结:作者按照时间顺序,清晰地向我们"演示"了南极存在恐龙化石的原因。

▲ **活动设计二:二问恐龙——你现身南极想证明什么**

1. 学生在文中寻找相关结论,如"是大陆在漂移而不是恐龙自己在迁移""南极洲恐龙化石的发现,为支持地壳在进行缓慢但又不可抗拒的运动这一理论提供了另一个强有力的证据"。

2. 南极洲恐龙化石的发现是"另一个"证据,那么文中是否有"板块漂移理论"的其他证据?

火山、地震、岛屿链、海洋深渊;非洲与南美洲拼合完美;印度与亚洲相撞形成喜马拉雅山脉。可见,"板块漂移理论"在地质界已经得到了充分的验证。

3. 南极的恐龙化石为什么会成为"板块漂移说"另一个强有力的证据?

"板块漂移理论"是一个已经得到验证的科学事实,恐龙化石出现在南极的推理过程正是基于"板块漂移理论"。而反过来,恐龙化石在南极的发现又是"板块漂移理论"的重要佐证,两者之间互相支撑,互为佐证,密不可分。"大陆在漂移"说明恐龙出现在南极的推理决不是凭空想象,而是建立在现有科学理论基础上的,是一种严谨的科学态度体现。可见,只有充分的实证才能得出科学的论断。

▲ **活动设计三:三问恐龙——悬疑剧本怎么写**

根据以上两个活动,请思考作者是如何设置悬念又进行推理证明的?设计全文结构思路图,理清行文思路。

示例:

现象	观点	验证	结论
恐龙无处不在	地球板块构造理论	恐龙随最后一次泛大陆分裂而漂移到各处	南极发现恐龙化石是板块漂移说的有力证据

明确:本文的推理逻辑链是"现象——观点——验证——结论",实证充分,推理过程环环相扣,体现了严谨的科学思想方法。

(四)课堂小结

通过本堂课的学习,我们感受到了作者强大的推理能力,并善于建立起不同学科之间的联系,从而有所发现。但是,这种联系和推理都必须建立在客观事实的基础上,即要以充分的实证作为理论基础,这也是本文科学精神和科学思想方法的重要体现。

(五)布置作业

自行制作道具,解说并演示"板块漂移导致恐龙无处不有"的过程,并拍摄短视频。

第二课时

(一)课时目标

1. 通过比较分析两文的说明内容和推理过程,领会说明要旨。
2. 学习作者运用已知科学知识来探索未知的精神,培养学生严密的逻辑思维和推理能力。

(二)导入

上一节课,我们与恐龙对话,从"恐龙无处不在"这一现象推理,验证了"地球板块漂移说"的结论,建立了生物学和地理学之间的联系,这节课,我们来做一回科学小侦探,探究恐龙灭绝原因,看看是否又有新的发现。

(三)活动设计

▲ 活动设计一:谁杀死了恐龙

1. 案发现场:在6 500万年前的岩层中,发现了恐龙化石。
2. 凶杀嫌疑:"火山说"和"撞击说"。
3. 主要证据:斯石英(被压扁的沙子)。
4. 推理侦破:撞击说。

推理步骤1:被压扁的沙子是如何形成的?

阅读课文,了解斯石英的形成及斯石英与二氧化硅的转化条件,填写以下结构图。

示例：

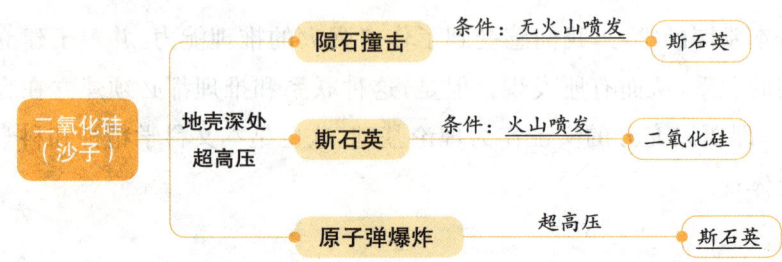

明确：在恐龙灭绝年代的岩层中发现了斯石英中存在的一种排列，可见，斯石英是探究恐龙灭绝原因的重要线索。所以，了解斯石英的形成条件是进行推理获得科学结论的重要前提。通过结构图，我们可以清楚地了解斯石英形成的三种方式。

推理步骤2：斯石英和恐龙灭绝有什么关联？

在推理步骤1的基础上，请学生再次阅读课文，自行设计结构图，以斯石英为物证，模拟作者肯定"撞击说"，推翻"火山说"的推理过程，并根据结构图作简要陈述。

结构图示例：

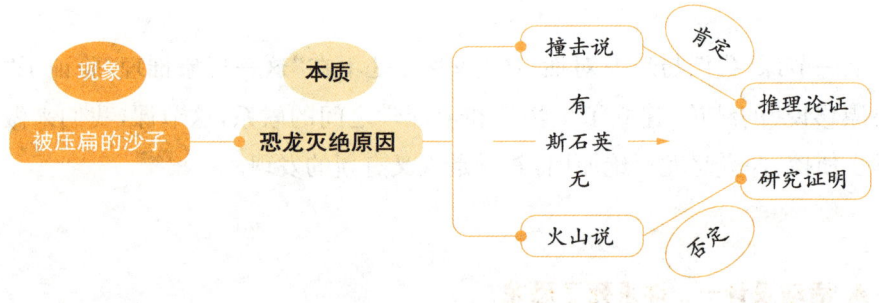

简要陈述：对于恐龙的灭绝，存在两种理论，即"撞击说"和"火山说"，作者赞同的是撞击说，其重要物证是被压扁的沙子（斯石英）。因为在恐龙灭绝年代的岩层中检测到了斯石英中存在的一种原子排列，而从斯石英的形成条件来看，排除原子弹爆炸的可能，这一物质出现的地方肯定也没有发生过火山活动，所以是发生过撞击。由此推理得出结论，恐龙灭绝原因应该是"撞击说"，而非"火山说"。

明确：在了解斯石英形成条件的基础上，找出斯石英和恐龙灭绝之间的关系，还原推理过程，我们就能领会到作者严谨的科学思维。本文的推理逻辑链是"观点——现象——验证(推翻)——结论",与《恐龙无处不在》的逻辑链有所不同,但都体现了作者的探究精神和求真的科学态度。

▲ **活动设计二:来自恐龙的拷问——为什么受伤的总是我**

《恐龙无处不有》和《被压扁的沙子》都是关于恐龙灭绝,编者将其编入同一篇课文想说明什么问题?

1. 学生说说两篇文章中恐龙的区别和联系。

两篇短文都谈到了恐龙灭绝,但第一篇中"恐龙无处不在"的现象是作为"地球板块漂移说"的证据,而第二篇中,"恐龙灭绝"是讨论的主题,"被压扁的沙子"则成了"撞击说"的证据。现象与结论的互相转化,可见作者多角度分析问题的科学思维方法,启发我们要有发散性思维,善于创新,勇于探索。

2. 学生说说两篇文章中推理的区别和联系。

两篇短文都是从某一现象出发,分析看似不相干事物之间的内在联系,得出符合逻辑的认识。如《恐龙无处不有》从"恐龙无处不有"这一现象,推理得出"地壳在进行缓慢而又不可抗拒地运动"的结论;《被压扁的沙子》从在恐龙灭绝年代的岩层中检测到斯石英中存在的一种原子排列这一现象进行推理,得出恐龙灭绝的原因不是火山活动,而是撞击。两篇短文共同说明了一个事理,即"不同科学领域之间是紧密相连的,在一个科学领域的发现肯定会对其他领域产生影响"。

(四)课堂小结

学习本文,首先是学习作者严谨缜密的逻辑推理思维,要善于建立起看似不相干事物之间的联系,并寻求佐证,有理有据层层推导,从现象发现本质,这是本文科学性的体现。其次,学习本文清晰的思路结构,两篇短文都是先提出问题,再经过基于事实的层层推理,得出科学的论断。区别在于,第一篇从恐龙无处不在的问题提出"板块漂移说"的观点,再通过推理来验证;第二篇先提出恐龙灭绝的两种对立理论,再以斯石英的发现来验证"撞击说"。但不管哪篇,都体现了科学的思考方法,使读者感受到逻辑推理的强大力量和魅力所在。

(五)布置作业

1. 本文题目《被压扁的沙子》可以改成《恐龙是怎样灭绝的》吗?请说说理由。
2. 《三体》中有一句话"我消灭你,与你无关"。现实生活中,我们也会看到这样的现象：打败康师傅方便面的不是统一，也不是今麦郎，而是美团和饿了么；打败箭牌口香糖的不是益达，而是微信和王者荣耀；打败尼康（胶卷产品）的不是同行，而是智能手机；消灭扒手的不是警察，而是微信支付和支付宝。请联系本文说明的事理，谈谈你对这些现象的认识。

3. 课外阅读《新疆域》。

7　大雁归来

利奥波德

一、教学目标与学习要素

（一）教学目标

1. 通过筛选文章信息，了解大雁的生活习性。
2. 通过分析语言的表现力及人称的运用，体会作者对大雁的喜爱之情。
3. 了解作者的"生态伦理观"。

（二）学习要素

1. 语言是情感的载体，具有传情达意的作用。
2. 表达方式的运用取决于表达的需要。

二、教学建议

本文作者利奥波德是美国著名的环保主义者，《沙乡年鉴》是他最著名的一部自然随笔集。《大雁归来》作为其中一篇，以生动的笔触描写了大雁归来的种种情形，饱含深情。同时，本文又富有深刻的哲理意味，由大雁反思人类行为，体现了他"生态伦理学"的理念。

教学中，教师要通过活动设计，引导学生体会作者深情的描绘，感受作者的人文情怀，理解文章深刻的思想内涵，帮助学生从文本表层走向文本深处，完成从内容到主题的理解。

作为一篇科学随笔，本文并不属于典型的说明文，教学重难点应该是体会字里行间所流露的对大雁的深厚情感，这就需要教师从学生的阅读经验出发来进行教学设计。所以，关于说明文的知识点，如说明方法和顺序等并不适宜作为本文教学重点，教师在指导学生阅读"这一篇"时，需要根据文章具体样式来确定教学内容，即教学内容的选择不仅要关注到文体特征，更要因文而异，随文而教。

文章语言或优美，或诙谐，或哀伤，或欢快，或富有哲理，教师可指导学生采用多种朗读方式来朗读，在朗读中体会作者的情感，获得共鸣。

三、教学过程

(一) 导入

小学课文《秋天》中,这样描述大雁:"秋天来了,一群大雁往南飞,一会儿排成个'人'字,一会儿排成个'一'字。"从这句话中,同学们获得了哪些信息?

明确:大雁是候鸟,具有群体性迁移行为。

(二) 活动设计

▲ 活动设计一:假设你是自然博物馆的一名志愿者,请根据文章内容编写一段关于大雁迁徙的讲解词(150字左右)

1. 阅读课文,筛选概括主要信息,了解大雁生活习性。
2. 整合相关信息,按时间点,用简明的语言编写讲解词。

示例:大雁归来,意味着春天来临。3月,大雁到达目的地,它们在沼泽中安全栖息下来,在玉米地中觅食。4月的夜间,大雁在沼泽中集会,像人一样激烈地辩论。之后,集会逐渐减少。而11月的大雁则笔直地一声不响地向南飞行,因为当地允许猎人捕猎,它们得时刻保持警惕。雁群以六或六的倍数组成雁队,但也会有孤雁,因为失去亲人而哀鸣。大雁的迁徙活动是国际性的,它们是联合的典范。

3. 要了解大雁的生活习性离不开日常细致的观察,作为一篇科学观察笔记,这些知识信息源于夜以继日的观察与记录,通过以下句子,感受一位科学家的严谨:

<u>1946年4月11日</u>,我们记录下来的大雁是<u>642</u>只。

通过对春雁集会的日常程序的<u>观察</u>,人们注意到……

从<u>数字分析</u>中发现,六只或以六的倍数组成的雁队……

明确:作为一篇自然笔记,同样必须具备科学性的特点,而在所有的信息来源中,亲身进行科学观察和实验获得的信息才是最可靠的。正是在对大雁长期而细致的观察基础上,作者才能得出客观、准确、科学的结论。以上文字以说明性为主,从具体的数字和短语中可见作者科学严谨的研究态度和求真精神。

▲ 活动设计二:"爱"要怎么说出口

作为一名热爱自然的生态学家,本文的写作意图不只停留于以知授人。在介绍大雁习性的同时,虽未提及"爱",但字里行间充盈着对大雁的喜爱之情,说说从文章哪些地方能感受到作者对大雁的深厚感情?

1. 学生阅读,并做相关圈画和批注。
2. 学生交流,教师适时引导、点评。
3. 教师总结:描写、人称和议论抒情使本文具有浓厚的文学色彩。

它们顺着弯曲的河流拐来拐去,穿过现在已经没有猎枪的狩猎点和小洲,向每个沙滩低语着,如同向久别的朋友低语一样。它们低低地在沼泽和草地上空曲折地穿行着,向每个刚刚融化的水洼和池塘问好。在我们的沼泽上空做了几次试探性的盘旋之后,它们白色的尾部朝着远方的山丘,终于慢慢扇动着黑色的翅膀,静静地向池塘滑翔下来。

示例(描写):

在形象的描写中饱含着作者的人文情怀。在他笔下,大雁像人类一样具有灵性和情感。作者以细致入微的观察,细腻生动的描写,在读者面前缓缓铺开了一幅充满诗情画意的画卷。弯曲的河流、平静的沼泽和草地、盘旋低飞的大雁、低低的鸣叫、深情的问候,有声有色,有动有静,营造了优美的意境。"低低""慢慢""静静"等叠词的运用,节奏舒缓,语气轻柔,与大雁那优雅而又舒展的飞行姿态相得益彰;"低语""问好"等拟人手法运用展现了大雁的脉脉温情。而在富有浓郁的抒情色彩描写的背后,是作为观察者的作者对大雁细腻情感的流露,那是一种发自内心的喜爱和亲近。

可见,说明性的文章同样可以承载丰厚的感情。描写的表达方式,不仅是客观事物的再现,更是主观情感表达的需要。

示例(人称):

文中多次出现"我们的大雁""我们的春雁""我们的大雁集会""我们的沼泽"等短语。"我们"是第一人称复指,作者将大雁视为"我们"中的一员,可见对大雁的尊重和亲近,认为大雁同人类一样,都是自然界成员,是平等的,这与其环保理念是相一致的。他在《沙乡年鉴》中提出要建立"一种处理人与土地,以及人与在土地上生长的动物和植物之间的伦理观",他认为人与世间万物都是自然的组成部分,应该平等地和谐共处。所以,无论是有生命的还是没有生命的,无论是大雁还是沼泽,都值得我们去关注,去尊重,去热爱。因此,此处的"我们"内涵非常丰富,体现了作者博大的人文情怀,这种哲学理念使本文更具有一种震撼人心的力量。

可见,人称的特殊用法也是传达作者情感的重要手段,特别是如果某一类词语或句子高频率出现时,就需要我们去关注,并将它们放在一起来分析和解读,其中往往蕴含着作者的情感，或体现行文思路。

示例（议论抒情）：

第13自然段，作者以诗一般的语言，将大雁的迁徙誉为"一首有益无损的带着野性的诗歌"。这句话以富有哲理的抒情议论高度赞誉了大雁的"联合"行为，宣扬了他的"生态伦理学"理念，并以此希望能构建一个理想的生态文明，使共同体中的每一个成员，包括人类，都能从中受益。在作者心目中，大雁是智慧和高贵的，其传达的哲理是值得人类去反思和领悟的。

总之，语言是情感的载体，要善于通过解码语言来感受文字所要传递的情感和思想。

▲ **活动设计三："利奥波德"大家谈**（根据本文的艺术特色和思想内容对作者作出简要评价）

示例：本文作者利奥波德，是一个严谨的科学家，长年累月地追踪、观察、研究，写下了一篇篇科学观察笔记；他是个文学家，以细腻的描写、灵动的语言、丰富的情感向我们展示了一个大自然的世界；他也是一个环保主义者，他尊重生命，尊重地球上的万物；他是一个人文主义者，他认为人与世间万物是平等的，应该和谐共处；他具有深刻的哲学思想，提出了"生态伦理学"，值得人类去思考和反省……（言之成理即可）

（三）课堂小结

通过本堂课的学习，我们跟随着作者的视线和脚步去探寻了一个属于大雁的世界，从字里行间感受到了作者对大雁的深厚情感，也不禁为他所表现出来的伟大的人文情怀而感动。文章灵活运用叙述、说明、描写、议论和抒情的表达方式，这些表达方式的综合运用与作者写作意图密切相关，简而言之，是源于表达的需要，即内容、情感、主题的需要。

（四）布置作业

1. 课外阅读《沙乡年鉴》。

2. 仿写：仿照本文综合运用说明、叙述、议论、描写、抒情多种表达方式的写法，选择某一种植物或动物，写一篇观察笔记，记录其一段时间内的变化。

8　时间的脚印

陶世龙

一、教学目标与学习要素

（一）教学目标

1. 通过把握独立成段的单句，梳理文章的说明内容和思路。
2. 通过分析材料间的区别和联系，理解其内在逻辑，掌握说明顺序。
3. 从修辞和词语运用的角度，品味本文语言生动准确的特点。

（二）学习要素

1. 独立成段的句子往往有提示文章脉络的作用。
2. 根据材料间的区别和联系合理安排说明顺序。
3. 修辞的运用体现了科普文的通俗性、趣味性。

二、教学建议

《时间的脚印》是一篇说明事理的文章，介绍岩石记录地球发展历史的原理和方式。文章的内容丰富且专业，包括岩石的破坏和生成过程、岩石记录时间的各种方式以及研究岩石记录时间的意义价值等。

初读本文很可能会让学生感到困扰，因为其说明内容庞杂，又涉及学生不甚熟悉的地理（地质）学领域，所以学生很可能花了较长的阅读时间却难以准确全面地把握作者的思路。而本文的思路又是与说明内容紧密结合的，所以，教师要帮助学生通过抓住关键字词句来把握内容，梳理思路，在此基础上进一步分析材料和材料间的关系，材料内部的关系，这样才能真正体会到作者是如何把这么多的材料，通过一定的说明顺序组织在一起的，同时也才能领会全文井然有序，严谨缜密的构思。

本文的活动设计正是基于以上"课文内容"和"学情分析"，循序渐进，从整体到局部，从共性到区别，引导学生充分关注说明文材料间的联系。

三、教学过程

(一) 导入

一块普通的不起眼的石头,可能记载的就是上千年甚至上万年地球的历史,这就是时间在大自然留下的脚印。

(二) 活动设计

▲ **活动设计一:列一张表,把繁复的层次理清楚**

本文内容庞杂,层次复杂,学生存在一定的阅读障碍,所以先要梳理行文思路。说明文中,独立成段的句子往往起着提示或总结作用,把握这些句子,就能迅速、清晰地大致把握文章内容和层次。

1. 找出文中独句成段的句子,并联系上下文,思考其作用。

自然段	句子	作用
1	时间一年一年地过去	引出下文记录时间的各种方式
5	岩石是怎样记下时间的呢	以设问引出下文说明岩石记录时间的方式(关注"怎样")
7	真的有"海枯石烂"的时候	激发兴趣,引出下文对岩石被破坏的说明
11	水和空气还能够进入岩石内部的孔隙中造成破坏	承上启下,承接上文水和空气对岩石外部的破坏,引出下文对内部的破坏(关注"还")
13	地面上和地下的生物,也没有放弃对岩石的破坏	承接上文非生物对岩石的破坏,引出下文生物对岩石的破坏(关注"也")
18	经过长期的重压和胶结,那些碎石和泥沙重新形成了岩石	总结上文,说明岩石从被破坏到重生是一个循环过程(关注"重新")
22	岩石保存了远比上面所说的多得多的历史痕迹	总结上文,说明岩石在生成过程中保留了历史痕迹,同时引出下文,对更多历史痕迹的说明
24	从"死"的石头上,我们看到了地壳的活动	总结上文,岩石记录了地壳活动
27	化石是历史的证人,它帮助我们认识地球历史的发展过程	承接上文对化石形成的说明,引出下文具体举例人们通过化石能认识地球历史的发展过程

2. 结合对上述单独成段句子的综合分析，梳理文章内容和思路。

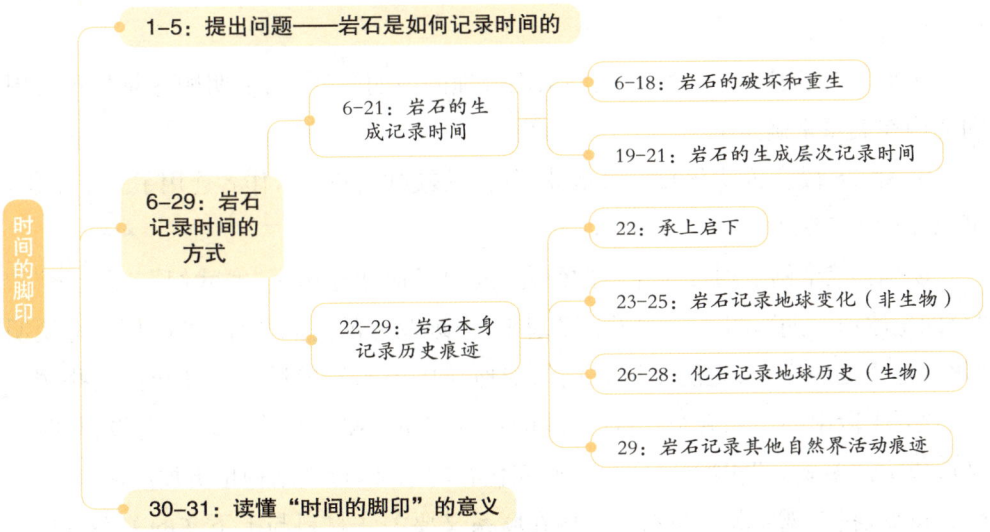

明确：梳理行文思路，是读懂文章的关键步骤，因本文内容较多，相对结构也较为复杂，所以通过结构图的形式，就能较清晰地显示文章脉络。

▲ 活动设计二：织一张网——把纷繁的材料讲明白

本文材料丰富，材料与材料间又存在区别与联系，就如同一张网，彼此独立又互相牵制，材料的安排是本文的重点和难点，要理解作者是如何来布局的。

1. 同是记录时间的方式，第 6—21 自然段和第 22—29 自然段两部分内容能否互换？请说明理由。

明确：不可以。6—21 自然段通过岩石的重生过程来说明岩石可以记录时间，既是方式也是原理。22—29 自然段说明岩石本身带有历史痕迹，而这些历史痕迹正是在岩石生成过程中形成的。从原理到现象，其中隐含着逻辑顺序。

2. 同是说明岩石本身保存了很多的历史痕迹，文章第 23—29 自然段又是如何安排顺序的？

明确：23—29 自然段都是在说明岩石本身可以记录时间，但是材料之间是有区别的。23—25 自然段是说明岩石可以记录地球的变化，从地壳活动、气候变化和冰河运动等不同角度来说明，这些都是非生物因素，也是岩石记录时间的重要方式；26—28 自然段介绍岩石中的生物化石可以记录地球的历史发展，是属于生物因素；29 自然段说明自然界的一些转瞬即逝的活动也可能会在岩石上留下痕迹,是对以上两种方式的补充说明,简要带过。这三部分内容从非生物到生物,从重要到次要,按逻辑顺序介绍了岩石本身记录历史的几种方式,层次分明,体现了作者的行文思路。

可见,在说明同一内容时,也要采用合理的说明顺序,而说明顺序是根据材料间的内在关系来确定的。

3. 第28段在说明化石记录地球历史发展过程的时候,作者连用了三个举例,可以互换顺序吗?

明确:三个例子通过对化石的研究,说明了地球经历了"寒武纪""石炭纪"和"第四纪冰河时期",将三个例子联系起来,由远及近的时间顺序,可以更好地说明"化石是历史的证人,它能帮助我们认识地球历史的发展过程"。同时,这些例子又与第31段中的"'寒武纪'以前形成的古老陆块内藏有许多铁矿,'石炭纪'时期又造成了许多煤矿"相呼应,突出了研究化石的意义,行文结构也更加严谨。

可见,我们既要关注材料本身内在联系又要关注材料与上下文的关系。除了关注材料本身的选用原则和顺序安排,在阅读时更要形成整体概念,联系上下文,发现材料间的内在联系,从而体会到文章的结构严谨。

▲ 活动设计三:润一下色,把枯燥的内容写生动

说明文以传授知识为主,具有科学性的特点,但并不意味着枯燥乏味。因为科普文面对的是普通大众,传播的又是专业知识,所以,为了使说明的事理更通俗浅显,往往会用到一些比喻、拟人、排比等修辞手法,以增强语言的表现力,增加文章的可读性。

阅读以下句子,说说其表达效果。

特别是刮风沙的时候,就像砂轮在有力地转动,岩石被磨损得光溜溜的,造成了许多奇形怪状的石头。

如果大量的水结成了冰,形成冰河,它缓慢地移动着,破坏作用就更大了,就好像一柄铁扫帚从地上扫过,刨刮着所遇到的一些石头。

狂风吹来了,洪水冲来了,冰河爬来了,碎石、沙砾、泥土被它们带着,开始了旅行。

岩石在最初生成的时候,像书页一样平卧着,一层层地叠在一起,最早形成的"躺"在最下面。

明确:本文说明的是岩石对时间的记录,涉及年代久远,历时漫长,其原理又

较为抽象，所以拟人、比喻等修辞的运用使事理特征更加形象生动，体现了科普文的通俗性和趣味性。同时，我们也注意到句中动词的运用也非常准确，如"磨损""扫""刨刮""冲""爬""卧""叠""躺"等，都准确生动地说明了事物的特点。

可见，除了语言准确，科普文也讲究通俗性和趣味性，修辞方法的恰当运用在服务于说明内容的同时，也使科普性说明文不再刻板枯燥，而具有了生动性和可读性。

(三) 课堂小结

通过本堂课的学习，我们进一步巩固了如何通过关键词句来把握主要内容和梳理脉络，同时，也明白了要通过分析材料与材料之间的关系来合理安排说明顺序，这样才能做到繁而不杂，井然有序。总之，文章是一个有机的整体，我们不仅要明白作者写什么，更要明白怎么写，怎么安排材料，为什么这样安排材料，通过这些思考，才算是真正读懂了文章。

(四) 布置作业

1. 题目《时间的脚印》有什么妙处？
2. 除了语言的生动性，本文的语言也不乏准确严谨，试举例说明。

写作　说明的顺序

一、教学目标与学习要素

（一）教学目标

1. 了解并能识别说明文的三大顺序。
2. 能区别不同的说明内容，并选择合适的说明顺序。
3. 能按一定的说明顺序来说明事物（事理）的特点，做到言之有序。

（二）学习要素

1. 恰当的说明顺序能够使文章言之有序。
2. 说明顺序的选用取决于说明对象的特点和说明内容。

二、教学建议

学生对于说明顺序并不陌生，譬如学过的《中国石拱桥》《苏州园林》等均采用了一定的说明顺序，本单元的几篇课文也都涉及了说明顺序，所以，识别说明顺序的问题并不大。但是，要让学生写作的话，一篇说明性文字要做到明白清楚也非易事。特别是要对事物或事理进行有条理地说明，不仅要熟练掌握基本的说明顺序，更要能根据说明对象的自身特征和说明内容的侧重点来选择合适的说明顺序，这是重点和难点。所以，教师应设计一系列的学习活动，循序渐进，帮助学生了解说明方法的作用及应用，并掌握如何在写作中运用恰当的说明顺序来安排说明内容，做到言之有序。

三、教学过程

（一）导入

"同学们，我现在要向大家介绍某位同学，听听下面这段介绍有什么问题吗？她，一双大大的眼睛，是我们班长，高高的个子。今年14岁，一笑起来眼睛就眯成了一条缝，皮肤白里透红，她喜欢游泳和画画，是典型的大长腿。"很明显，这段文字的主要问题是条理混乱，体现在观察的无序性和思维的跳跃性。不仅介绍人物需要有一定的顺序,介绍事物事理等也需要有合理的顺序。我们注意到这个单元都是说明文,说明文在于以知授人,怎样才能把知识讲得清楚明白呢?除了需要抓住事物特征,讲究说明方法外,合理安排说明顺序也是非常重要的。

(二) 活动设计

▲ 活动设计一：连一连——概念特点对对碰

1. 学生 2 分钟快速阅读写作部分"说明的顺序"。
2. 学生不看书本,完成下面连线题。
3. 教师检查并校对。

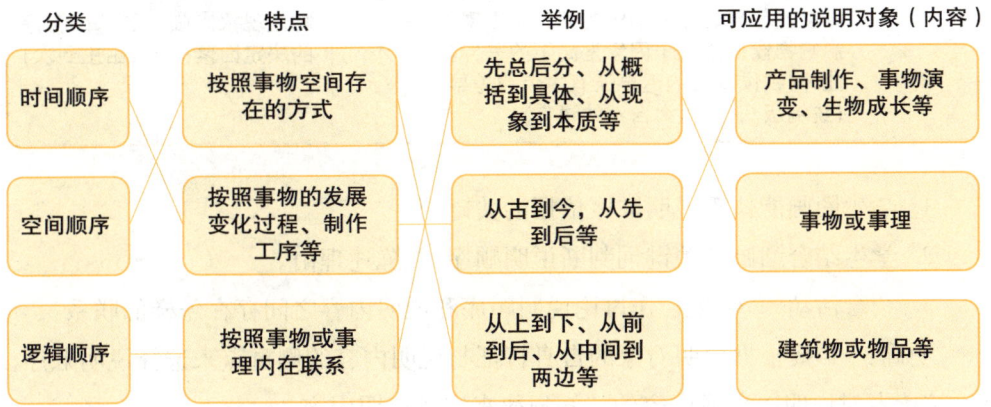

▲ 活动设计二：填一填——实践应用巧辨析

阅读下列语段,填写表格,思考分别采用了哪种说明方法,判断依据是什么,为什么要采用这种说明方法?

序号	语　段	说明内容概括	说明方法
1	于是它外层的皮开始由背上裂开,里面露出淡绿色的蝉体。头先出来,接着是吸管和前腿,最后是后腿与折着的翅膀。这时候,除掉尾部,全体都出来了。接着,它表演一种奇怪的体操。在空中腾跃,翻转,使头部倒悬,折皱的翼向外伸直,竭力张开。然后用一种几乎看不清的动作,尽力翻上来,并用前爪钩住它的空皮。这个动作使尾端从壳中脱出。总的过程大概要半点钟。(统编版八(上)《蝉》)	蝉蜕壳的过程	时间顺序

序号	语　段	说明内容概括	说明方法
2	汴河上有一座规模宏敞的拱桥，其桥无柱，以巨木虚架而成，结构精美，宛如飞虹。桥的两端紧连着街市，车水马龙，热闹非凡。一艘准备驶过拱桥的巨大漕船的细节描绘，一直为人们所称道：船正在放倒桅杆准备过桥，船夫们呼唤叫喊，握篙盘索。桥上呼应相接，岸边挥臂助阵，过往行人聚集在桥头围观，而那些赶脚、推车、挑担的人们，却无暇一顾。(统编版八(上)《梦回繁华》)	《清明上河图》画面中段的构图布局	空间顺序
3	物候现象的来临决定于哪些因素呢？ 首先是纬度。…… 经度的差异是影响物候的第二个因素。…… 影响物候的第三个因素是高下的差异。…… 此外，物候现象的迟早还有古今的差异。…… (统编版八(下)《大自然的语言》)	物候现象来临的决定因素	逻辑顺序（由主到次）

1. 学生圈画能体现说明顺序依据的关键词。
2. 学生结合圈画的关键词判断说明顺序，并陈述理由。
3. 结合活动一，学生合作讨论说明顺序和说明内容之间存在怎样的联系？

明确：(1)要根据说明对象的自身特征与说明内容的侧重点来选择说明顺序。(2)按读者对说明对象或内容的认知规律来安排说明内容。

▲ **活动设计三：排一排——思路条理要分明**

为下列句子进行排序，并陈述理由。

① 树木新发的枝芽，调节了画面的色彩和疏密，表现出北国早春的气息。

② 画面开卷处描绘的是汴京近郊的风光。

③ 在进入大道的岔道上，是众多仆从簇拥的轿乘队伍，从插满柳枝的轿顶可知是踏青扫墓归来的权贵。

④ 疏林薄雾，农舍田畴，春寒料峭，赶集的乡人驱赶着往城内送炭的毛驴驮队。

⑤ 近处小路上骑驴而行的则是长途跋涉的行旅。

(统编版八(上)《梦回繁华》)

明确：本题所给语段属于说明性文字，主要介绍了《清明上河图》画面开卷所绘图景。在介绍时，作者先总说画面内容(②)，再概括绘景(④)，接着按照从"进入大道的岔道"(③)到"近处小路"(⑤)的顺序,具体说明画面内容,最后再以枝芽的点缀总写画面整体效果(①)。整段文字采用空间顺序,条理清晰地展现了《清明上河图》开端处繁杂的画面,所以合理的顺序是②④③⑤①。

▲ **活动设计四：练一练——项目学习同探究**

临近校园开放日,学校制定了活动方案,其中有这几项内容,需要同学们分小组合作完成。

任务一 校园平面示意图设计,并为引导员写一份校园参观引导词。(300字左右)

任务二 设计一份家长参加校园开放日活动流程表。

任务三 设计一份学校简介的思维导图或提纲。

任务四 当一回志愿者,向家长介绍学校某一功能教室,如美术室、图书馆、实验室等。(300字左右)

1. 将班级学生分成四个小组,每个小组认领任务,选定组长,开展讨论(课堂集中讨论说明内容的选择和说明顺序的安排)。

2. 由组长或成员展示活动成果。

提示：

任务一 平面示意图的设计在于展示学校布局,校园参观引导词采用空间顺序,如从整体到局部,从中间到两边等,语言简明扼要。

任务二 活动流程表应体现时间顺序。

表格设计样张：

学校校园开放日活动流程			
时间	地点	项目安排	对象
8:00—8:30	校门口迎宾处	签到	全体家长及学生

任务三 学校简介内容较多,可采用思维导图来梳理。先思考可以从哪些方面来介绍学校,搜集相关素材;根据各种素材进行分类,合理有序地安排说明内

容,再画出思维导图。学校简介主要采用逻辑顺序,兼用空间和时间顺序。

思维导图参考:

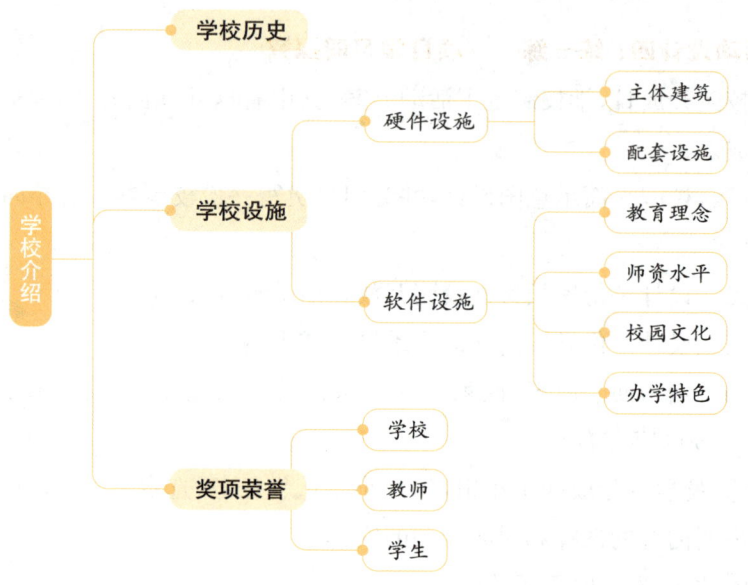

任务四 介绍功能教室可从教室结构布局,设备配置和功能用途等方面介绍,以逻辑顺序为主,兼顾空间顺序。

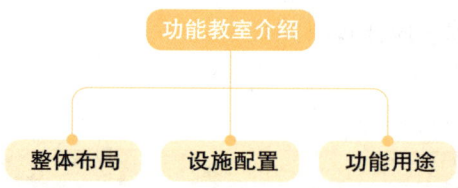

明确:这次校园开放日,我们顺利完成了各项任务,也更清楚地明白了即使是同一说明对象,根据说明角度和内容不同,应选择合理的说明顺序,并依照这一顺序,有序安排说明内容,这样才能达到言之有序的效果。

(三)课堂小结

本堂课,我们学习了三种说明方法,也知道了要根据说明对象的自身特点以及说明内容的侧重点来安排说明顺序,合理的说明顺序能使文章条理更清晰,所以,大家无论在阅读还是在写作中,都要关注文章的说明顺序,不仅要做到言之有物,还要做到言之有序。

(四) 布置作业

1. 六一儿童节,学校要开展"游园活动",请为班级设计一个小游戏,并介绍游戏规则,表述明白清楚。

2. 请以"我的小天地"为话题,写一个片段,向别人介绍它。

要求:这是一篇写处所的说明文。写作时要选准立足点,按空间顺序进行介绍,把小天地的主要特点解说清楚。

3. 如果要向外地的游客介绍本地的一处名胜古迹或旅游景点,你准备怎样介绍呢?可以采用哪些说明顺序,请列出写作提纲。

综合性学习　倡导低碳生活

一、教学目标与学习要素

(一) 教学目标

1. 了解低碳生活的概念和做法，树立低碳环保的意识，培养践行低碳生活的习惯。
2. 能通过组织讨论、撰稿、办刊、宣传等活动，提升学生语文知识的综合运用和听说读写的综合能力。
3. 培养学生关心学校、关心社会的责任感和主人翁意识。

(二) 学习要素

应用语文知识解决生活中的实际问题。

1. 倡议书的撰写
2. 宣传标语的撰写
3. 电子小报的编制
4. 建议书的撰写

二、教学建议

"倡导低碳生活"是社会热点话题，设计这一综合性学习的目的是引导学生树立环保意识，从自身做起，践行低碳生活，并能通过宣传和倡导，唤起他人的低碳意识，共同为节能环保作出贡献。

本次综合性学习可以通过系列活动设计，让学生在自主组织讨论、撰稿、办刊、演说等活动过程中，体验分工与合作，共同提出问题、分析问题并解决问题，并能够用文字、图片等展示学习成果。

学校是学生非常熟悉的生活和学习环境，可以将此作为践行"低碳生活"的具体场景，应用场景的统一可以使活动设计体现系列性和针对性，宣传策划更务实有效，也能激发学生对学校的责任感和主人翁意识。

三、教学过程

(一) 导入

出示几张环境污染的图片(如空气污染、水污染、土地沙化等),以直观的图像引起学生对环境保护的重视。

为了倡导简约、适度、绿色、低碳的生活方式,我校准备开展倡导"低碳生活"宣传周活动,号召大家群策群力,共同参与。"低碳生活"宣传周包括以下活动,请班级同学分工合作,完成各项任务。

(二) 活动设计

▲ 活动设计一:撰写"低碳生活"倡议书,在升旗仪式上向全体师生发出倡议

1. 阅读"资料一",了解什么是低碳生活以及践行低碳生活的一些原则、做法,围绕"低碳生活,我们可以做什么"开展小组讨论。

2. 明确倡议书的基本格式,整合资料信息及小组讨论成果,撰写"低碳生活"倡议书。

3. 在升旗仪式上向全体师生发出倡议,语言恳切热情、有号召力。

▲ 活动设计二:撰写各类"低碳生活"校园宣传标语,如节水、节电、节粮、节约纸张、爱绿护绿、垃圾分类等,张贴在校园中

1. 学生搜集生活中常见各类标语。(标语参考:学好交通法,幸福千万家;多一丝微笑,少一分摩擦;小草正睡觉,请你勿打扰;珍爱生命,远离毒品)

2. 小组讨论,明确标语撰写一般要求:

(1) 主题鲜明,一目了然。

(2) 篇幅短小,句式整齐,朗朗上口,易于理解和记忆。

(3) 通俗易懂,明白如话,也可采用修辞手法,增强表达效果。

3. 撰写"低碳生活"校园宣传标语,要求和校园生活相关,学生互相点评并修改,挑选最适合的若干条标语张贴在校园中宣传。

▲ 活动设计三:以小组合作方式编制"低碳生活"电子小报,优秀作品在学校电子屏展示,并制作合辑在微信公众号推送,扩大影响力

1. 设置3—5个栏目,小组各成员分工明确,各有任务(如栏目编辑、主编等)。

2. 学生按照分工各自确定栏目主题并搜集筛选相关材料,做到主题鲜明,图

文并茂，内容充实。

3. 主编对各栏目进行协调整合，做到排版合理，美观大方。
4. 通过各种宣传渠道对优秀作品进行展示宣传。

▲ **活动设计四：为"校园节能"出新招。针对学校中出现的一些"非低碳"行为或现象，提出可操作的改进措施，书写建议书，并投放"校长信箱"，意见被采纳者将授予"低碳达人"称号，并在全校推广"新招"**

1. 搜集校园中非低碳行为及现象，并分析思考其背后原因。
2. 提出改进措施或建议，简单易行可操作，并有具体的规则说明。
3. 建议书表述清晰，措辞严谨，语言诚恳。

提示："节能新招"如校服捐赠、印刷制品回收再利用、使用节能灯声控灯、废水再循环、班级剩菜剩饭称量评比、绿化认领等。

(三) 课堂小结

这节课，通过各个环节的活动，同学们不仅了解了什么是低碳生活，如何去践行低碳生活，还用我们的实际行动向全体师生倡导了低碳生活，也为我们学校更好地实行低碳生活贡献了自己的智慧和力量。同时，我们不仅学会了如何在生活中运用语文知识去解决问题，也懂得了如何与他人合作与分享，相信我们的学校将因为每一位同学的关心而越来越美好，越来越温暖，我们的社会也将因为低碳生活越来越文明，越来越进步！

(四) 布置作业

1. 一个晴朗的周末，你们一家三口决定到附近的公园去野餐，为践行绿色环保理念，你准备在这一天和父母一起体验低碳生活，请试着说服你的父母一起践行"低碳"出游，并说说你的低碳行为设想。
2. 为让更多人了解并践行低碳生活，小明准备在社区内进行一次调查，请帮他设计一份问卷调查表。

单元练习

习题测试

1. 阅读《大自然的语言》，梳理文章结构，全文围绕"物候"，介绍了以下内容。

   1—3：_____   4—5：_____

   6—10：_____   11—12：_____

   可见，全文的思路和结构是_____。

2. 阅读《大自然的语言》第 1—3 段，简要表述以下概念。

   物候：_____

   物候学：_____

3. 《大自然的语言》第 1 自然段能否删去，为什么？

   _____

4. 比较下列两句的语言特点，说说其不同的表达效果。

   A. 到了秋天，果实成熟，植物的叶子渐渐变黄，在秋风中簌簌地落下来。

   B. 植物的抽青、开花等物候现象在春夏两季越往高处越迟，而到秋天乔木的落叶则越往高处越早。

   _____

5. 《恐龙无处不有》第 5 段"恐龙不可能在每一块大陆上独立生存，那么他们是如何越过大洋到另一个大陆上去的呢？"从全文看，这句话有什么作用？

   _____

6. 阅读《被压扁的沙子》，完成下列填空。

   （1）"如果在 850℃的温度下把斯石英加热 30 分钟，它将变为普通沙子。"运用了_____的说明方法，作用是_____。

   （2）对于恐龙的灭绝，存在两种理论，即_____和_____，作者赞同的是_____,其重要物证是_____,因为在恐龙灭绝年代的岩层中检测到了_____,而这一物质出现的地方肯定有_____,并且肯定没有_____。

(3) 本文题目《被压扁的沙子》换成《恐龙是怎样灭绝的》好吗？请说说理由。
_____
_____

7.《恐龙无处不有》和《被压扁的沙子》两篇短文都是从某一现象出发,分析事物内在联系,得出规律性的认识,如第一篇从恐龙无处不有,推理得出_____的结论,第二篇从_____,推理得出恐龙灭绝的原因不是火山活动,而是撞击。两篇短文共同说明了一个事理,即"_____。"对我们的启示是:_____
_____。

答案与解析

1. 物候和物候学的概念　物候观测对农业的重要性　物候现象来临的决定因素　研究物候学的意义　逻辑顺序

解析：本题考查行文思路的梳理及说明主要内容的概括,需在逐段了解要点的基础上,用"同类合并"的方法,把全文划分为相对独立的几部分,再通过关键语句来筛选并整合重要信息,归纳每部分的重要内容。最后把每部分的大意依次连缀起来,就能比较清楚地显示出全文的说明顺序了。

2. 物候：草木荣枯、候鸟去来等同气候相关的自然现象。　物候学：利用物候知识来研究农业生产的一门科学。

解析：物候和物候学是文中的两个重要概念,但文中并没有直接下定义,而是需要对相关信息进行整合。整合"草木荣枯、候鸟去来等自然现象同气候的关系"和"这些自然现象,我国古代劳动人民称它为物候"这两处信息,可知"物候"即"草木荣枯、候鸟去来等同气候相关的自然现象"；整合"利用物候知识来研究农业生产,已经发展为一门科学,就是物候学",可知"物候学"即"利用物候知识来研究农业生产的一门科学"。

3. 不能删去,第1段形象生动地高度概括了四季交替的景物变化,直观介绍了物候,具有浓郁的文学色彩,激发读者对物候的兴趣,引出下文对物候的具体说明。

解析：说明文中对句段作用的理解，一般从内容上和结构上入手。内容上即"写什么"，特别是要关注其和所要说明的事物或事理的关系，结构上即和上下文之间的关系。

4. A句运用了描写的表达方式，从色彩和声音角度以简洁生动的语言描写了风吹落叶的景象，使物候现象更直观具体。B句运用了说明的表达方式，以平实准确的语言说明了高下的差异是影响物候的第三个因素。

解析：表达方式是表述特定内容所使用的特定的语言方法、手段，可见，表达方式的运用是由作者所要表述的内容所决定的。A句意图在于向读者描绘物候现象，形象直观，激发兴趣，B句意图在于向读者介绍物候知识，严谨准确。

5. 承接上文恐龙出现在各个大陆，甚至包括南极，引出下文对大陆在漂移的板块构造理论的说明。设问的形式激发了读者的阅读兴趣。

解析：考察对关键句的作用的理解，包括内容上、结构上的作用，以及其语言表达的效果。

6. (1) 列数字 具体准确地说明了增温可以使斯石英返回到原始状态，即沙子。

(2) 撞击说 火山说 撞击说 被压扁的沙子(斯石英) 斯石英中存在的一种原子排列 发生过撞击 发生过火山爆发

(3) 不可以换，因为"被压扁的沙子"是斯石英的另一种说法，形象生动，能激发读者的阅读兴趣，同时被压扁的沙子也是本文说明内容恐龙灭绝原因"撞击说"的重要物证。

可以换，因为"恐龙是怎样灭绝的"通过设问激发读者的阅读兴趣，同时也直接揭示了本文的说明内容，即探讨恐龙灭绝的原因。

解析：(1) 考察识别说明方法并能阐释其作用。用"850℃""30分钟"的数字说明在一定条件下，斯石英能转化成普通沙子，准确，形象，令人信服。

(2) 检测学生是否能理清作者的推理过程，在学习全文的基础上，通过题干的提示，能提取关键信息简要陈述恐龙灭绝是"撞击说"的依据。

(3) 开放性题型，言之成理即可。从题目与说明内容之间的关系以及表述艺术性方面解答。

7. 地壳在进行缓慢但又不可抗拒的运动 在恐龙灭绝年代的岩层中检测到了斯石英存在的一种原子排列 不同科学领域之间是紧密相连的 在一个科学

领域的发现肯定会对其他领域产生影响

解析：通过分析材料之间的区别和联系形成辩证性思维，并能在文中找到相关依据。"启示"言之成理即可，如：要有严密的思维逻辑，善于建立起事物之间的联系，从而有所发现和创新等。

第三单元

| 单元学习目标 |

1. 借助注释和工具书读懂课文大意。
2. 通过反复诵读，领会诗文的丰富内涵，品味精美的语言。
3. 积累一些常用的文言词语。

| 单元学习框架 |

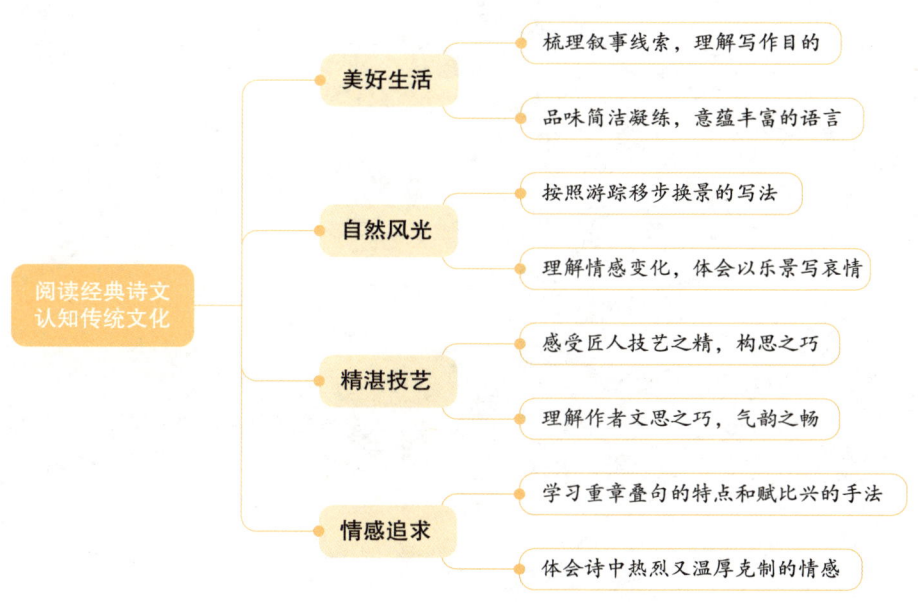

| 单元设计说明 |

本单元所选均为经典诗文，或描写理想中的美好生活，或记述徜徉自然之境时的所见所感，或赞叹古代工匠的精湛技艺，或吟咏个人的情感追求。诵读这些诗文，不仅可以积累优美词句，更能通过感受古人的思想与志趣，陶冶自己的情感

与胸怀，增强对民族优秀传统文化的认知。学习古诗文，既要了解大意、把握文脉、品味语言，也要注重培养语感，所以反复诵读是最重要的途径与手段。本单元写作教学为学写读后感，意在引导学生做个有心人，阅读作品更深入，并能提出自己看法，表明自己见解。本单元综合性学习为"古诗苑漫步"，是古诗学习的一次延伸拓展。主要活动内容为：诵古诗、画古诗、唱古诗、改写古诗。

9 桃花源记

陶渊明

一、教学目标与学习要素

(一) 教学目标

1. 借助注释和工具书读懂课文大意并积累文中的文言常用词语,反复诵读后背诵。
2. 引导学生感受桃花源优美的环境,淳朴的人情,和平安定的生活。
3. 了解本文所描绘的理想社会,结合时代背景,深入理解课文内容。
4. 品味本文简洁凝练、意蕴丰富的语言。

(二) 学习要素

1. 文言实词的积累。
2. 作者将理想寄寓于虚构世界的写作形式。

二、文本解读

(一) 课文整体解析

《桃花源记》是陶渊明在永初二年的作品,此时的陶渊明已经归隐田园数十年。虽然"心远地自偏",但是"猛志固常在",身处田园的陶渊明,仍然关心国家政事。永初二年,南朝刘裕弑君篡位的第二年,刘裕用阴谋毒害了晋恭帝。因此在《桃花源记》中,陶渊明借创作来表达对当时政权的不满,以及对现实社会的憎恨,所以虚构了一个不与世争的世外桃源,与现实社会的污浊不堪形成鲜明的对比,以此来表达自己对美好境界的向往,寄托自己的政治理想和美好情趣。

把渔人作为突破口,一个"忘"字写出了渔人工作的状态,他很专注以至于不记得船行了多远。由此可见,他是一个努力劳作的人。一个专注于打鱼的人怎么会发现桃花林呢? 这里可以看出,桃花林优美的景色引人入胜。从桃花源中人"皆叹惋",可以推断出渔人"具言"的内容——战乱频繁的事实而感叹惋惜。

那么,世间是否真有这样的"绝境"?《桃花源记》妙就妙在亦真亦幻。"不足为外人道也","不足"看似是谦辞,实则是对外部世界的恐惧。渔人恰恰背弃了桃花源中人的信任,"处处志之""诣太守,说如此""遂迷,不复得路",陶渊明似乎在暗示这样一种理念:当渔人背弃信任的那一刻,他注定是与这个理想世界无缘了。这个寄寓着作者理想的乌托邦似乎暗喻着现实中的人们是无法超然物外,到达理想世界的。

鲁迅先生认为这篇文章是"幻设为文",虽然鲁迅认为这篇文章是虚构的,但他却不认为这是一篇小说,说这是"寓言为本,文词为末"的散文。华东师范大学龚斌教授在《新论》中提到:《桃花源记》属于志怪小说,已经成为今日许多研究者的共识。由此可见,《桃花源记》是一篇小说的事实,得到了许多学者的认可。

"记"是一种古代文体,可以通过记人、记事、记物、记景,来抒发作者感情和主张。《桃花源记》应该是一篇游记形式的小说。陈平原教授在《中国小说的起点——明末清初小说研究》中明确指出:"记游者注定是一个观察者,倘或他观察的不是山水而是人世,记录的不是真实的游历而是拟想中的游历,那可就成了一篇游记体的小说了。"从这个角度进行分析,《桃花源记》从渔人的视角,观察桃花源中人们的生活状态和淳朴的民风,但这是陶渊明理想的寄托。笔者认为,"称其为'游记体'差可,但似不必归于游记,游记的'游踪'还应该以现实为依据。"《桃花源记》中的"游踪"并非现实中的游历,而写渔人的行踪主要是为了推动故事情节的发展。

(二)重点语段细读

1. 初极狭,才通人。复行数十步,豁然开朗。

"山有小口"是通往桃花源的入口,"口"的一侧"极狭",连接的是现实生活,"口"的另一侧"豁然开朗",连接的是桃花源。桃花源外战乱频发,民不聊生;桃花源内宁静祥和、人们安居乐业。从"极狭"到"豁然开朗",暗含了渔人发现桃花源的惊喜,也表现了桃花源的隐秘。

2. 土地平旷,屋舍俨然,有良田、美池、桑竹之属。阡陌交通,鸡犬相闻。

在桃花源中,一切都是美好的。没有战乱和纷争,也没有压迫和赋税,甚至都可以听到鸡鸣狗叫,"阡陌交通,鸡犬相闻",显得和谐而祥和。作者用简洁的笔墨描绘了一个环境优美、人与人和谐相处的世外桃源,增加了文章的感染力,因此,桃花源才会令人神往。

3. 既出,得其船,便扶向路,处处志之。及郡下,诣太守,说如此。太守即遣人随其往,寻向所志,遂迷,不复得路。

南阳刘子骥,高尚士也,闻之,欣然规往。未果,寻病终,后遂无问津者。

"不复得路""规往,未果,寻病终"等情节,给桃花源蒙上了一层神秘的面纱,也印证了这是作者陶渊明理想中的美好世界。在虚虚实实、真真假假中,包含着作者的美好愿望。

桃花源中的生活,之所以被世人向往,并不是因为他们生活得奢华、富贵,只是最基本的农耕生活。而且这样简单的生活,在当时战乱频繁的社会现实中却是奢望,是不可能得到的,所以作者才会在文中留下了"男女衣着,悉如外人"的"破绽"。桃花源中人可以和外人一样的衣着,但是桃花源外的人却没有"良田、美池、桑竹之属",没有"鸡犬相闻",更没有"黄发垂髫,并怡然自乐"的安居乐业的生活。这就是理想与现实的巨大差异带来的无奈与痛苦。

三、教学过程

第一课时

(一) 课时目标

1. 借助注释和工具书读懂课文大意并积累文中的文言常用词语,反复诵读后背诵。
2. 引导学生感受桃花源优美的环境、淳朴的人情、和平安定的生活。

(二) 导入

我们曾学过陶渊明的诗《饮酒(其五)》,让我们一起来回忆一下。我们读到陶渊明"采菊东篱下,悠然见南山"这句诗,感受到他闲适心境和对田园生活的热爱。今天,我们再次跟随陶渊明的文字,去看一看被称为世外桃源的地方,那里是一幅怎样的画面?

(三) 活动设计

▲ **活动设计一:词语穿越——词语法庭大诉讼**

古文中有些词语经过漫长的时间后,意思发生了巨大的变化。如果词语有生命,恐怕也会提出抗议吧!首先,请大家作为词语法庭的小法官,在阅读课文后,找出诉讼对象。

示例：

"无论"的无奈：我能讨回公道吗？本是告诉大家"不用说"，可现在，唉，真的是任何条件下结果也不会改变了吗？

诉讼 1："妻子"的抱怨

诉讼 2："绝境"的尴尬

诉讼 3："鲜美"的两难

诉讼 4："交通"的变身

▲ **活动设计二：角色扮演大作战**

选择文中的一个人物，例如"渔人""渔人邻居""桃花源中人""太守""刘子骥"进行角色扮演，从角色角度声情并茂地讲述故事。

注意：在讲故事时，除了要将时间、地点、人物、事件、结果等具体呈现，也要注意不同人物的情感态度。

在复述基础上，理出故事的线索：渔人的行踪（发现桃花源——进入桃花源——访问桃花源——再寻桃花源）。

▲ **活动设计三：我为"桃源"打广告**

全国各地都在建设 5A 级景区，"桃花源"也想吸引更多游客，你作为广告公司的策划人员，想一想你会如何介绍桃花源？请设计一句广告词或者结合文本，请用句式"桃花源真是个_____的地方，那里_____。"

（此处的活动设计应考虑学生学情，主要引导学生创新思维，锻炼表达能力）

明确：

桃花源真是个环境优美的地方，那里芳草鲜美、落英缤纷。

桃花源真是个悠闲和乐的地方，那里有平坦宽阔的土地、排列整齐的房屋、肥沃的土地、美丽的池塘、桑竹之类。

桃花源真是个人民可以安居乐业的地方，那里人们在田野里来来往往耕种劳作，过着自给自足的生活。

桃花源真是个民风淳朴的地方，那里人们热情好客，和谐相处。

桃花源真是个远离尘嚣的地方，那里人们过着与世隔绝的生活。

（四）课堂小结

陶渊明在《桃花源记》中为我们展现了一幅怎样的生活画卷？

桃花源的确是一幅美丽的画,美在自然更美在人情,它风景秀丽,它宁静和谐,它民风淳朴,这里人人劳作、人人平等、关系融洽,没有剥削、没有战乱,人民安居乐业、丰衣足食,真是一个温暖自足的理想王国啊!

(五)布置作业

1. 熟读并背诵课文。
2. 摘抄文中出现的成语。

第二课时

(一)课时目标

1. 了解本文所描绘的理想社会,结合时代背景,深入理解课文内容。
2. 品味本文简洁凝练、意蕴丰富的语言。

(二)导入

上节课我们感知了桃花源的自然美与人情美,还为桃花源写了广告词,老师想问问同学们,桃花源在哪里?

提示:引导学生思考桃花源是否真实存在。

(三)活动设计

▲ **活动设计一:变身大侦探,探桃源虚实**

无数人向往桃花源,却难以寻得踪迹,你作为侦探,有人聘请你去一探虚实,考证桃花源是否存在。(言之成理皆可)

预设1:

不存在。证据例如:渔人"处处志之""寻向所志",却"不复得路"。

归纳:找出课文中句子的矛盾之处。

既然桃花源不存在,陶渊明为何虚构这样一个社会?引入时代背景介绍,作者生平介绍。

创作背景:《桃花源记》是陶渊明在永初二年的作品,此时的陶渊明已经归隐田园十数年。虽然"心远地自偏",但是"猛志固常在",身处田园的陶渊明,仍然关心国家政事。永初二年,南朝刘裕弑君篡位的第二年,刘裕用阴谋毒害了晋恭帝。统治者日益加重对人民的赋税徭役和剥削压榨,因此在《桃花源记》中,陶渊明借创作来表达对当时政权的不满,以及对现实社会的憎恨,所以虚构了一个不与世争的世外桃源,与现实社会的污浊不堪形成鲜明的对比,以此来表达自己对美好境界的向往,寄托自己的政治理想和美好情趣。

预设2:

存在。桃花源存在于陶渊明的心中,相信和谐理想的存在,有陶诗为证,"采菊东篱下,悠然见南山。"

▲ **活动设计二:穿越古今的对话——你对陶渊明说……**

1. 结合课文以及下面节引的《桃花源诗》中的诗句,讨论:"世外桃源"有哪些吸引人的地方?作者借桃花源表达了怎样的社会理想?

相命肆农耕,日入从所憩。
桑竹垂馀荫,菽稷随时艺。
春蚕收长丝,秋熟靡王税。
荒路暧交通,鸡犬互鸣吠。
俎豆犹古法,衣裳无新制。
童孺纵行歌,班白欢游诣。

明确:桃花源环境优美、民风淳朴;人们安居乐业、和谐相处;没有战乱和压迫。陶渊明虚构了一个与黑暗现实相对立的世外桃源,寄托了自己对理想社会的向往,表达了自己追求和平、反对战争的美好愿望。

2. 了解了陶渊明的理想世界后,如果能够穿越古今,生活在和平年代、生活富足的你想对陶渊明说些什么?

(四)课堂小结

桃花源中的生活,之所以被世人向往,并不是因为他们生活得奢华、富贵,他们的生活只是最基本的农耕生活。但这样简单的生活,在当时战乱频繁的社会现实中却是奢望,而身处和平年代、生活富足的我们更应该珍惜当下所拥有的。

(五)布置作业(二选一)

1. 运用漫画的方式再现世外桃源中的人、景、情。
2. 结合《饮酒(其五)》,写一写陶渊明在理想境界不可得的情形下,他的情感态度是怎样的。

10　小石潭记

柳宗元

一、教学目标与学习要素

（一）教学目标

1. 结合注释通读全文，在理解大意的基础上有感情地朗读并背诵。
2. 梳理文章的内容，体会移步换景和寓情于景的手法产生的效果。
3. 结合写作背景，理解作品中的情感变化，感受作者的情怀。

（二）学习要素

1. 移步换景的手法，有序叙述作者游览过程。
2. 寓情于景，通过景物的变化和色调的明暗，含蓄表达作者的人生经历和内心情感的变化。

二、文本解读

（一）课文整体解析

《小石潭记》是一篇短小精美的游记散文，原名为《至小丘西小石潭记》，是柳宗元的山水游记——"永州八记"中最富盛名的一篇。作为山水游记文的典范，柳宗元用诗情画意的笔调描绘了小石潭及周围的景色，抒发了作者长期被贬时凄苦悲凉的失意心情。

全文不足二百字，但所绘之景甚多，潭水、游鱼、奇石、树木、溪流、岸势等，如何将这些景物组织起来，并不显得杂乱，而又能够细致入微地表现其声音、色彩、状貌、情态等，是学习这篇文章所要关注的内容。作为一篇游记文，文中"从小丘西行百二十步""隔篁竹""下见小潭""潭中鱼可百许头""潭西南而望"以及"坐潭上"几句可以看出作者的游踪和视角的转换。作者根据游踪的变化，采用移步换景的方法写出发现小石潭的经过，使读者跟随作者的脚步：向西行、隔篁竹、闻水声、寻小潭，将景物有序地呈现在读者眼前。而到了小石潭后，作者定点观察，"中""西南""上"三个方位名词准确地体现作者的观察视角，由近及远，由观到感，描绘出"寂寥无人、凄神寒骨"的凄清之境。

该篇散文突出体现了柳宗元山水游记的独特风格,将山水和其命运连在一起,看似在写小潭,其实是写他自己,写他内心的情感。作者将自己的情感倾注在景物中,不直接抒发,而是通过景物的变化,色调的明暗表现出来。文中作者由"乐"转"忧",在视角的转移中自然转换。小石潭的景,从第3段开始出现细微的变化,色彩由明而暗,氛围也从明丽活泼转为清幽冷寂,色彩和环境的变化,是作者心绪的转变。他因参加王叔文领导的政治革新运动失败,被贬永州,出游小石潭是为排遣内心的苦闷,小石潭清冽的潭水、奇特的潭石、青葱的树木、活泼的游鱼给他带来了愉悦心情。但当作者向西南望去,见到水流曲折幽邃,或明或暗,岸势如犬牙交错,这一情景让柳宗元联想到自己艰难曲折的人生,刚刚获得的游山玩水的快乐被自己人生挫败的悲凉所覆盖,"乐"既而转为"忧"。此时,作者再次观察石潭全貌,他把自己的主观感受投射到自然景物中,即王国维所说"以我观物,万物皆着我之色彩。"小石潭的清幽宁静也就转为凄清冷寂,树木不再是"青树翠蔓""参差披拂",而变为"四面竹树环合,寂寥无人"。整个环境显得幽寂深远,弥漫着一种忧伤的气氛。教学该篇文章,可结合写作背景理解诗人的情感,并通过反复朗读,体会作者情感的变化。

(二)重点语段细读

1. 潭中鱼可百许头,皆若空游无所依,日光下澈,影布石上。怡然不动,俶尔远逝,往来翕忽,似与游者相乐。

该段描写潭水游鱼。先描写了潭中景物的概貌,总体写鱼的大致数量和"空游无所依"的状态。"百许头"和前文中"百二十步"都表现出了作者被贬时百无聊赖的心绪;"空"是"在空中"的意思,写鱼像在空中游泳,形象地写出潭水清澄至极,给人平静、空灵的感觉,而"无所依"表现出游鱼自由自在的状态。接着,"日光下澈,影布石上",明丽的阳光透过清澈的潭水,一条条小鱼的影儿刻印在潭石上,美好怡人。"怡然""俶尔""翕忽"三个词语,从静止和活动两个方面来表现游鱼的状态,倏尔怡然不动,倏尔猛然远游,生动刻画了小鱼的憨态可掬和灵巧轻捷;同时,通过游鱼写出潭水的清澈。作者看到这幅生动活泼的景象,不觉鱼儿"似与游者相乐",这是作者娱情山水的一种折射,仿佛鱼儿也会和人一样感到快乐。

2. 潭西南而望,斗折蛇行,明灭可见。其岸势犬牙差互,不可知其源。

该段描写的是小潭溪流。作者向潭西南方向望去,看到了溪流的曲折蜿蜒,用"斗折蛇行"来作比,四个字包含了两个比喻,从动态和静态两个角度写出溪身的曲折。而"明灭可见",精确地写出从潭上看到的小溪景象,忽明忽灭。"犬牙差互"描写出溪岸互相交错的状态,"不可知其源"写出作者看不到小石潭的源头在哪儿。溪流先是或明或暗,接着便是茫远不可知的暗。见到眼前此景,作者联想到自己的身世,不觉忧从中来。该段运用了两处比喻,喻体"犬牙"和"蛇"都给人阴森感觉,至此,景物的色彩发生的变化,从潭中景物的明丽,转为明暗相合,作者的心情从这里由乐转哀。

三、教学过程

第一课时

(一) 课时目标

1. 结合注释通读全文,理解文章大意。
2. 理清课文的思路结构,学习文章按照游踪移步换景的写法。

(二) 导入

《江雪》是唐代散文家柳宗元写的一首绝句,表达了诗人在被贬之后不屈而又深感孤寂的情绪。这首诗作于柳宗元谪居永州期间,在此期间,他还写下了一组著名的山水游记,合称《永州八记》。今天我们一起来学习他的《永州八记》之一的《小石潭记》。

(三) 活动设计

▲ **活动设计一:读课文**

1. 一读,结合课下注释,读准字音。
2. 二读,借助注释理解文意,朗读全文。

在理解文意的过程中,收集本文词类活用的文言语法现象。

① 方位名词作状语:从小丘西行百二十步,潭西南而望
② 名词作状语:皆若空游无所依,斗折蛇行,其岸势犬牙差互
③ 形容词意动用法:心乐之

3. 三读,自由朗读全文,读准节奏,读出美感。

▲ **活动设计二:何妨做回"标题党"**

通过朗读,这篇文章是作者记述了去小石潭的所见所闻所感,如果给标题加

一个字,哪个字最恰当?

明确:游

解释游记文体是记录游览经历的文章。

▲ 活动设计三:征集景观

1. 征集景观名。

小石潭位于湖南永州,当地政府为开发旅游,正在为小石潭的各处景观征集命名,请提出你的建议,并说说理由。

例如:小径通幽,依据文中"隔篁竹,闻水声"。

水之印象,依据文中"水尤清冽"。

听水韵,依据文中"闻水声,如鸣佩环"。

观鱼台,依据文中"潭中鱼可百许头……"。

天然氧吧,依据文中"青树翠蔓,蒙络摇缀,参差披拂"。

曲水溪,依据文中"斗折蛇行,明灭可见"。

……

2. 制作景观名牌。

请结合课文,为自己设计的景观,写一段景观名牌,不超过80字。

例如:观鱼台,在清澈见底的小潭中,有百十条鱼儿无拘无束地自由游动着,它们倏尔怡然不动,倏尔猛然远游,憨态可掬、活泼可爱,好像在和游人嬉戏,快乐自在。

曲水溪,往小潭的西南方望去,小溪像北斗七星那样弯曲,像蛇那样蜿蜒前行,时隐时现,明灭可见。

▲ 活动设计四:设计导览宣传单

1. 小石潭景点规划处计划设计一张导览宣传单,请为该宣传单起一个标题,给予游览者小石潭的初印象。

例如:_____的小石潭;小石潭——别样的_____。

2. 小石潭因柳宗元的《小石潭记》而出名,请依据文章设计一条"子厚游潭"的导览路线,重走文人观赏之路,感受小石潭的别样意境。

小径通幽→赏潭中景物→观小潭溪流→感潭上气氛

(1) 小径通幽。

说说作者发现小石潭的经过是怎样的?有何特点?

明确：① 隔、闻、伐、取、见，交代了发现小石潭的经过，有序地呈现所见景物。
　　　② 小石潭的整体概貌：水清、石怪、树青。
（2）赏潭中景物。
明确：景物——鱼、日光、鱼影
　　　特点——潭水清澈、游鱼活泼
（3）观小潭溪流。
明确："斗折蛇行"，运用比喻的修辞生动地描绘出溪水曲折蜿蜒，"犬牙差互"表现出岸势的参差不齐，"明灭可见"写出溪流或明或暗的景象。
比较与前两处景色不同：景物的色彩从前两段的明丽转为明暗结合，"犬牙"和"蛇"都给人阴森感觉。
（4）感潭上气氛。
明确："竹树环合"可见小石潭的幽僻，呼应了文章的第一节；"寂寥无人"似与同游者矛盾，其实是为了描写小石潭周围的寂静寥落、空无一人；"凄神寒骨"强化了周遭环境让人心神凄凉，可见小石潭的幽深冷寂。因而，作者觉得"不可久居"，于是"记之而去"。
小结：我们随着柳宗元的脚步，看到发现小石潭的经历。文中一步一换景，将景物有序地呈现在读者眼前。这种写景的方法，在之前的《钱塘湖春行》里也接触过。
明确："移步换景"，是指在不固定视点（即立足点和观察点），按照地点的转移和一定的视角，把所看到的不同事物叙述出来。

（四）课堂小结

作者采用移步换景的手法，描写了小石潭及其周围的景象，讲述了发现及游览小石潭的经过。

（五）布置作业

背诵课文 1—3 节。

第二课时

（一）课时目标

1. 品味语言，把握景物特点及寓情于景的写作手法。

2. 结合写作背景,理解文章中的情感变化,感受作者的情怀。

(二) 导入

复习课文,按照浏览顺序,写了哪些内容?

明确:发现小石潭→小石潭概貌→潭中景物→小潭溪流→潭上气氛→交代同游者。

(三) 活动设计

▲ 活动设计一:同一处小潭,不同的心情

为丰富小石潭景点的文化意蕴,当地政府想在该地建立一座柳宗元纪念馆,其中有一展区是"柳宗元与小石潭的故事",小组讨论:为展区提供资料。

例如:柳宗元游览小石潭的心情。

作者游览小石潭的心情,从起初的"快乐"转为后来的"凄苦"。在发现小石潭时,因小石潭处在不易找到的地方,听到清脆悦耳的水声,看见潭水清澈,潭中露出的石头形态各异,周围古树翠蔓,益然幽静,仿佛仙境,让人心生惬意,欣喜之情油然而生。在观看潭中游鱼时,看到那可爱活泼的游鱼,也心生快乐。但是往西南方向望去,看到曲折蜿蜒、或明或暗的溪流,心情开始转变,此时再感潭中气氛,忽觉幽深冷寂,凄苦之情荡上心头。

▲ 活动设计二:结合背景,探究心情转变的原因

1. 小石潭呈现两种不同的特点:1—2段是景色优美的小石潭,3—4段是幽深冷寂的小石潭。这其中,可明显感受到作者情感的变化。请同学读读文章,说说文章是如何在语言上表现"乐"与"悲"的。

明确:作者发现小石潭时,是"心乐之",水之清洌,石之怪异,都让作者心旷神怡,观赏潭中游鱼时则又觉"似与游者相乐",这都是乐景。但看到溪流曲折蜿蜒,不知源头,坐在潭边,感到"凄神寒骨,悄怆幽邃",寒意袭人,悲从中来。文章采用寓情于景的手法,通过景物描写,抒发情感。

2. 《江雪》一诗中所描绘的是一片寒景,诗中的悲与孤独可说是触景生情。但小石潭所见之景,起初是优美怡人,作者为何会生出孤独与悲意来?请结合时代背景进行探究。

补充背景:永贞革新失败后,柳宗元因拥护王叔文的改革,被贬到永州任司马。政治上的失意,使他寄情于山水,通过描写景物,抒发自己被贬后无法排遣的

忧伤凄苦的思想感情。在永州期间,他常以游览山水自娱,并作文记载,共写了八篇知名的山水游记——"永州八记"。《小石潭记》正是《永州八记》中的一篇。

补充资料：噫！以兹丘之胜,致之沣、镐、鄠、杜,则贵游之士争买者,日增千金而愈不可得。今弃是州也,农夫渔父,过而陋之,贾四百,连岁不能售。而我与深源、克己独喜得之,是其果有遭乎！书于石,所以贺兹丘之遭也。——《钴鉧潭西小丘记》

明确：由于被贬永州,作者借游山玩水排遣内心的苦闷,当看到眼前明丽优美的景色时,心情上获得了暂时的快乐,但看到"斗折蛇行"的溪流,"犬牙差互"的岸势,和"不可知其源"的小溪,不免联想到自己被贬的境遇。再看小石潭,"竹树环合",虽然优美有趣,但是深处幽僻之地,无人欣赏,这正是自己的写照,空有一腔抱负却未有展现的机会。因而,作者的心情陷入悲伤。

(四) 课堂小结

作者采用寓情于景的手法,将自己的感受和情怀寄托在景色之中,表达了作者贬官之后的苦闷和失意。

(五) 布置作业

1. 背诵课文3—6节。

2. 根据文章所描写的小石潭景色,为宣传单绘制一幅小石潭手绘图,并给自己的画作取标题。

3. 阅读"永州八记"中的其他作品,如《始得西山宴游记》《钴鉧潭西小丘记》等,体会柳宗元山水游记的特色。

11　核舟记

魏学洢

一、教学目标与学习要素

(一) 教学目标

1. 熟读课文，借助注释理解课文基本内容，了解作者笔下雕刻者的高超技艺。
2. 掌握古代汉语中数量词的不同表达方式以及翻译成现代汉语时的具体方法。
3. 把握本文的说明顺序及对象特征，体会文章语言简洁、准确、生动的特点。

(二) 学习要素

1. 文言词语的积累和数量词的运用。
2. 根据说明对象的特点来安排写作顺序。

二、教学建议

《核舟记》现在一般被视为说明文，古人的文体界定中并没有说明文这一概念，一般将其归类为"杂记"。杂记的内容是比较复杂的，根据文章所写对象和主要内容主要分为：山水游记、台阁名胜记、杂物书画记。本单元的前两篇课文《桃花源记》《小石潭记》就属于前两类。杂物书画记的内容一般为记述器物或书画的形制、特点、内容等，《核舟记》就属此类。

《核舟记》让我们看到的是"一物一文"两件艺术精品，在解读文本时，我们常把探究的目光聚焦于那小小的核舟，感受雕刻者如同鬼斧神工般的高超技艺和巧妙构思。往往忽视了核舟背后的三个人：苏轼、王叔远、魏学洢。顺着这个思路，我们会发现一枚核舟穿越时空将不同时代的三人聚到了一起。

《核舟记》开头一个"奇巧"高度概括了明朝奇巧人王叔远的高超技艺和构思精妙。核舟之小，曾不盈寸；方寸之间，展现的是跨越时空的情感共鸣。核舟上物品之多，刻画之逼真，还不足以使核舟流传于千古。从古至今微雕手艺人众多，其中也不乏优秀的雕刻作品，但正是因为王叔远对苏轼的理解，有了"大苏泛赤壁"这个主题，才有了这个流传至今的核舟传说。

宋神宗元丰二年，苏轼被贬黄州，一方面，他因被贬感到愤懑、痛苦；另一方面，他也想从老庄佛学中寻求精神的慰藉。此时他写下了《记承天寺夜游》《赤壁赋》《后赤壁赋》等文学作品。在他的核舟中,巧妙地用"山高月小,水落石出"和"清风徐来,水波不兴"两句诗点明核舟主题。在与苏东坡同游赤壁的人物选择上,他请来了好友黄庭坚和皈依佛门的佛印。苏轼与黄庭坚,在历史上并称"苏黄",苏轼一生坎坷,黄庭坚的一生也磕磕绊绊,两人同病相怜。佛印也被王叔远刻得活灵活现,一个不拘于世俗礼法的和尚形象呼之欲出。王叔远在选择人物时,让惺惺相惜的亲密友人黄庭坚和能与他讲禅论道、寻求精神解脱的佛印都居于身侧。

《核舟记》的语言具有如下特点:①简洁。说明文的语言一般都简洁平实,例如文中第二段仅仅80字就清楚地介绍了核舟的形体、尺寸、窗户、雕栏、刻字等五项内容。②条理清晰。说明文中先说什么,后说什么,都按照一定的顺序,从全文看《核舟记》按照"总—分—总"的结构进行说明。掐头去尾再来看《核舟记》的说明顺序,文章的第二、三、四段分别介绍了中间、船头、船尾,第五段介绍了船背的题字。这也符合在观赏核舟时的顺序——前者是主体,后者是必要的补充,采用了"先主后次"的说明顺序。③抒情性。人们一般认为说明文较之其他文体而言,更加客观,文中看似纯说明的文字,细细品味,其中的情感不可谓不浓烈。最后一段句中连用9个"为",表面上只是对核舟内容的总结,但句式一气呵成,给人以极强的冲击力,不可谓不震撼。

三、教学过程

第一课时

(一)课时目标

熟读课文,借助注释理解课文基本内容,了解作者笔下雕刻者的高超技艺。

(二)导入

在中华民族的文化宝库中,源远流长、久盛不衰的手工雕刻艺术是一颗璀璨的明珠。其中最令人啧啧称奇、叹为观止的是微雕艺术。微雕是把书法、绘画、雕刻融为一体的微观艺术。今天我们一起来欣赏一件艺术精品——核舟。

(三)活动设计

▲ **活动设计一:我画核舟——体会难度(微画、微刻擂台赛)**

1. 画核舟前先默读课文完成表格。

类别	具体内容	数量
人物		
窗户		
物件		
文字		

明确：

类别	具体内容	数量
人物	东坡、鲁直、佛印、左右舟子。	5人
窗户	左右各四，共八扇。启窗而观，雕栏相望焉。闭之，则右刻"山高月小，水落石出"，左刻"清风徐来，水波不兴"，石青糁之。	8扇
物件	箬篷，舟楫，茶炉，茶壶，手卷，念珠各一。	6件
文字	对联、题名并篆文共计三十四字："山高月小，水落石出""清风徐来，水波不兴""天启壬戌秋日，虞山王毅叔远甫刻""初平山人"。	34字

2. 表格完成后，让学生尝试以1∶1的比例在纸上画出核舟，需要将表格中罗列的内容都在核舟绘制中一一呈现。由此，感受核舟尺寸和雕刻者的技艺高超。

舟首尾长约八分有奇，高可二黍许。

"八分""二黍"是古代计量单位，让学生借助工具书将其折合为现代计量单位后画出核舟，并结合完成表格，将核舟上的物件在图上还原。

▲ **活动二设计：我演核舟——情景剧演绎**

1. 学生以小组为单位，以文章描写为基础，创作情景剧，可适当加入符合人物特点的对话。

2. 情景剧演绎——演绎舟上人物的情态。通过演绎与观摩，进一步了解雕刻者的技艺高超。

《核舟记》的语言看似古朴、实则精彩。奇巧的核舟之所以能生动展现在读者面前与文章语言的生动形象是分不开的。

（四）课堂小结

用笔在纸上画比在桃核上雕刻容易得多，但几乎没有同学能够完成这项任务,而王叔远却在不平整的桃核上完成了雕刻,用文中的词形容王叔远——"奇巧""嘻,技亦灵怪矣哉!"同学们将核舟上三人泛舟的情景演绎得活灵活现,这更要归功于课文中生动形象的描写。

(五)布置作业

仿照本文的写法,选取家中的某一种工艺品,做简要介绍。(150字左右)

第二课时

(一)课时目标

把握本文的说明顺序及对象特征,体会文章语言简洁、准确、生动的特点。

(二)导入

结合全文,除了在"曾不盈寸"的核舟上雕刻内容之多,说说雕刻者王叔远"奇巧""技亦灵怪"还体现在哪些地方?

(三)活动设计

▲ **活动设计一:我说核舟——学会说明"顺序、重点"**

假设"核舟"是某博物馆藏品,请同学们为"核舟"写解说词后,担任讲解员,在班级中评选出最佳讲解员。

要求:解说词中需将文中罗列的内容一一呈现,还需点明核舟特点。

说明文中先说什么,后说什么,都按照一定的顺序,从全文看《核舟记》按照"总—分—总"的结构进行说明。掐头去尾再来看《核舟记》的说明顺序,我们会有不一样的发现,文章的第二、三、四段分别介绍了中间、船头、船尾,第五段介绍了船背的题字。这也符合在观赏核舟时的顺序前者是主体,后者是必要的补充,采用了"先主后次"的说明顺序。

▲ **活动设计二:我评核舟——评核舟、评《核舟记》**

1. "核舟"作为艺术精品,在拍卖会上进行拍卖,让学生模拟拍卖师,评价核舟这件艺术精品的优点。

2. 评完核舟,评《核舟记》,核舟此物早已失传,但今日我们能窥见此艺术精品全依仗《核舟记》一文,赏析文章妙处。

(1)简洁。

舟首尾长约八分有奇,高可二黍许。中轩敞者为舱,箬篷覆之。旁开小窗,左右各四,共八扇。启窗而观,雕栏相望焉。闭之,则右刻"山高月小,水落石出",左刻"清风徐来,水波不兴",石青糁之。

仅仅80字就清楚地介绍了核舟的形体、尺寸、窗户、雕栏、刻字等五项内容。

(2) 准确。

运用列数字等说明方法,展现了作家的细致观察和精心构思。

(3) 生动。

运用描写将舟上人物刻画得惟妙惟肖,见文如见物。

(4) 抒情性。

为人五;为窗八;为箬篷,为楫,为炉,为壶,为手卷,为念珠各一。

句中连用9个"为",表面上只是对核舟内容的总结,但句式一气呵成,给人以极强的冲击力,不可谓不震撼。

(四) 课堂小结

王叔远刻刀下的核舟,再到魏学洢笔中的《核舟记》,一篇课文向我们展现了两件艺术精品,一代代文化巨匠在不断丰富、再现历史和传奇,弘扬文化与传统。

(五) 布置作业

比较阅读:阅读《虞初新志》中的《核工记》一文,与《核舟记》进行比较,说说它们在描写核雕艺术品时的异同。

12 《诗经》二首

一、教学目标与学习要素

(一) 教学目标

1. 诵读两首诗歌,把握语气语调,读出四言诗歌的韵律和节奏。
2. 了解《诗经》重章叠句的特点和赋比兴的手法。
3. 感受诗歌的内在情韵,体会诗歌中歌咏的美好感情和优美意境。

(二) 学习要素

1. 重章叠句的语言形式,既使诗歌有往复的美感和悠扬的韵律,又起到强化情感的作用。
2. 赋比兴的手法,借助外在事物传达内心情感,创造出强大的艺术生命力和感染力,表现我国古代诗歌蕴藉有味的特点。

二、文本解读

(一) 课文整体解析

1.《关雎》。

《关雎》全诗分为三章。第一章,以雎鸠和鸣起兴,引出青年小伙子对美丽贤淑的姑娘的倾慕。第二章,写他对意中人的追求和想念,以及求之不得的辗转反侧,直率地表达自己的追慕之心和相思之苦。第三章,"琴瑟友之""钟鼓乐之"的欢快热闹场面,是男子想象与意中人相恋和结婚的场景,是他寤寐以求实现的愿望,体现了他对淑女的执着追求以及对待爱情始终积极向上的态度。

此外,还需关注孔子将其置于《诗经》之首的用意——《关雎》是表现"夫妇之德"的典范。在教读这首诗歌时,不仅要品读其"诗"的美,也应引导学生探寻其作为"经"的深广意义。

2.《蒹葭》。

《蒹葭》描绘了露重霜浓,水边芦苇苍苍茫茫的深秋景象,诗人在河畔徘徊往复,焦急和热切地追寻他的意中人,而伊人却似有若无,可望而不可及,整首诗歌表达了诗人炽热的爱恋和求而不得的惆怅。

在语言形式上,重章叠句是该诗最重要的特点。整首诗歌是一个场景的三次复沓,每一章的句子重复率很高。对于脱离了曲的诗来说,难免会单调,但阅读时却并不会产生这样的感受,反而使诗歌有往复的美感和悠扬的韵律。在教学中,引导学生诵读,感受诗歌的音乐美,体会诗歌中的情感。

先哲时贤对该诗主旨众说纷纭,后世多认为是一首爱情诗,"伊人"即意中人。但是,仅将其理解为一首爱情诗,诗歌的丰富性就被限制了。诗歌中的留白,为这首诗歌创造了生命力。诗中的"伊人"的具体形象并未交代,但其富有魅力和"可望而不可即"的特点,让我们可以从多方面去理解。课堂上,教师可以引导学生讨论诗歌中"伊人"的象征意义,挖掘《蒹葭》的文化内涵。另外,"伊人"是否寻到,给予了读者想象的空间,也引人深思——主人公的追寻是否值得,追求的过程有何意义?教学中,可以引导学生展开讨论,激发思辨。

(二)重点语段细读

1. **关关雎鸠,在河之洲。窈窕淑女,君子好逑。**

"关关"是拟声词,形容鸟的叫声,"雎鸠"是一种水鸟,一生只有一个固定配偶,一旦结成配偶就会形影不离。"在河之洲"写的是雎鸠所在的位置——水中陆地。诗歌从雎鸠的叫声入笔,寻觅鸟的所在,从听觉到视觉。在河洲上,水鸟关关和鸣,看到此景的君子自然会想到自己的意中人。这两句采用兴的手法,即先言他物以引出所吟咏的对象,诗歌先写雎鸠的形象来引出君子对淑女的思慕之情。而雎鸠,也自然喻指了下文的君子和淑女。

2. **蒹葭苍苍,白露为霜。所谓伊人,在水一方。溯洄从之,道阻且长。溯游从之,宛在水中央。**

"蒹葭苍苍,白露为霜",诗歌以秋景起兴,通过蒹葭与白露两种景物,点明环境、时令和时间,渲染了一种凄清渺远、朦胧迷离的气氛,为人物的活动提供了特定的场景。"所谓伊人,在水一方",交代了诗人追慕的对象和伊人所在的地点,表现诗人不住地张望寻觅。"所谓"二字,表明"伊人"常被提起,心中不断念叨;"在水一方",和伊人只是河水隔绝,尽管相距不远,但追寻之路却艰险漫长。在"溯洄""溯游"从之之后,伊人的身影仿佛在水中央晃动。伊人好像只是盈盈一水之隔,却可望而不可及。"宛在"二字,渲染了凄清景象和模糊意象,营造了一种若隐若现、若有若无的朦胧意境。

三、教学过程

第一课时
关　雎

(一) 课时目标

1. 交流预习,读出诗歌的节奏韵律和情感内涵。
2. 通过诵读,体会重章叠句和赋比兴的手法。
3. 感受青年男子对美好爱情大胆热烈的追求。

(二) 导入

孔子曰:"不学诗,无以言。"此处的"诗"即指《诗经》,它是我国诗歌文学的鼻祖,是"五经"之一,古人认为学习《诗经》,可以使人"温柔敦厚"。今天我们来学习《诗经》的第一篇——《关雎》。

(三) 活动设计

▲ **活动设计一:交流预习**

1. 结合课后知识卡片,了解《诗经》。

明确:《诗经》是我国最早的一部诗歌总集,它收录了从西周到春秋时期的诗歌305篇,也称《诗三百》。《诗经》中的诗当初是配乐的歌词,按所配乐曲的性质分成风、雅、颂三类。"风"又称"国风",是各地方的民歌民谣;"雅"是正统的宫廷乐歌,用于宴会的典礼;"颂"是宗庙祭祀用的乐歌。《诗经》中主要的表现手法是赋、比、兴。赋是直陈其事,比是借物譬喻,兴是托物起兴。风、雅、颂、赋、比、兴合称"六义",是古人对《诗经》艺术经验的总结。

2. 结合课下注释,自由朗读,正字音。

需要注意的字音

好逑(hǎo qiú)　参差(cēn cī)　窈窕(yǎo tiǎo)　寤寐(wù mèi)　乐(lè)

3. 教师范读,感受诗歌的节奏。

明确:全诗都是四言,可两字一顿,作二二拍诵读。

▲ **活动设计二:我来讲故事**

《关雎》讲了一个什么故事?请同学们用自己的语言来描述。

明确：一位君子爱上了窈窕淑女，可是追求未果。

▲ 活动设计三：我来说说主人公

1. 故事中出现了哪些人物？

窈窕淑女，君子好逑。

明确：淑女、君子。

"窈窕"言女子外表的美丽文静，"淑女"言女子品性的善良贤淑；而"君子"是才德出众的男子。两个人物的称呼中，都强调他们的品性，内在美。

2. 说说君子。

（1）圈画描写君子的相关诗句，说说他做了什么？结果如何？

明确：

窈窕淑女，寤寐求之。

求之不得，寤寐思服。

悠哉悠哉，辗转反侧。

窈窕淑女，琴瑟友之。

窈窕淑女，钟鼓乐之。

君子在确定佳偶后，首先做出的的行为是"寤寐求之"，当"求之不得"之时，他"寤寐思服"，日日夜夜思念淑女，甚至到了晚上"辗转反侧"，夜不能寐。"悠哉"的反复，强化了君子对淑女夜长不寐时绵长的思念。第三章是君子想象与淑女恋爱和结婚时的场景。"友"和"乐"的行为表现了君子对淑女的尊重，以"琴瑟"交往，也体现二人情趣的高雅。

指导朗读：朗读时注意语气语调和重音。如"求"字加重读音，拉长语调，可以体现追求想念的强烈。"求之不得"语气急促一些，"寤寐思服"绵长一些，"悠哉悠哉"二节拍间的停顿长一些，后一个"悠哉"语速慢一些，"辗转反侧"低沉一些，读出思念求之不得的叹息和思念。第三章是想象的热闹欢乐的场面，语调上扬，轻快一些，读出兴奋愉悦的心情。

（2）总结君子形象。

明确：勇敢追求爱情，对待爱情始终积极向上，恪守礼节，尊重女子。

3. 说说淑女。

（1）圈画描写淑女的相关诗句，说说她做了什么？结果如何？

参差荇菜，左右流之。

参差荇菜,左右采之。

参差荇菜,左右芼之。

明确:荇菜,是一种水草,随水流而左右摇动,"参差"描写荇菜长短不齐的样子。"流""采""芼"是采摘荇菜的行为动作,从求取、采摘到挑选,既是描写女子劳动的场景,也暗指女子挑选意中人的过程,来引出君子对淑女的思念。采摘荇菜,也呼应了开篇"在水之洲"的故事背景。

(2)总结女子的形象。

明确:文静美好善良,热爱劳动,勤劳能干,对待爱情不随意。

▲ 活动设计四:我来品诗眼

诗眼是一首诗内容的凝聚点,能够表现诗的主旨,同学们觉得这首诗歌的诗眼是哪个字?说说理由。

求:整首诗歌讲述的是一位君子爱上并执着追求他的意中人的故事,"求"贯穿始终,在君子追求淑女的过程中,感受到君子对于爱情的坚定执着和大胆热烈的追求。

述:孔子将《关雎》放在《诗经》的第一篇,且在《论语》中仅对这篇诗歌作出评价"哀而不淫,乐而不伤"。这首诗不仅有"诗"的美,也有作为"经"的教化意义,表现了"夫妇之德"。首先,它所写的爱情,是指向婚姻、负责任的爱情;其次,所写的男女双方——君子和淑女,是与美德相联系的结合;最后,诗歌中男子的思慕和追求,既热烈细微,又止所当止,他的行为"发乎情,止乎礼"。"述",配偶,整首诗歌从主旨和作为"经"的教化意义来说,可将该字作为诗眼。

▲ 活动设计五:我来唱《关雎》

1.《诗经》中的诗歌原本就是一首首歌曲,但在漫长岁月的流传中,丢失了曲调。请你为《关雎》配乐,传唱经典。

2. 说说这首诗歌语言上有什么特点?

明确:

重章叠句:上下句或上下章基本相同,只是变换几个字。

效果:(1)形成一种回环往复的美,增强诗歌的节奏感和音乐美。

(2)强调内容,如"窈窕淑女"反复出现,强调了君子思慕的对象。

(3)层层推进,"求""友""乐",构成了故事情节的发展,强化了君子对淑女爱慕和思念情谊的加深。

(4) 反复吟咏,加深了情意的绵长。

(四) 课堂小结

诗歌通过叙述一个男子追求意中人的故事,表达了青年男子对美好爱情大胆热烈的追求。

(五) 布置作业

1. 背诵该首诗歌。

2. 如果你是淑女,你想对君子说些什么?请以淑女的口吻,给君子写一封信,300字以内。

第二课时
蒹 葭

(一) 课时目标

1. 掌握生字词,读出诗歌的节奏韵律和情感内涵。

2. 通过诵读,体会重章叠句和赋比兴的手法。

3. 感受诗人对"伊人"的执着追求和可望而不可及的惆怅。

(二) 导入

上一节课,我们学习了《关雎》这首诗歌,感受到古人对爱情大胆执着的追求。今天我们学习第二首诗歌《蒹葭》。

(三) 活动设计

▲ **活动设计一:交流预习**

1. 走进作品。

《蒹葭》选自十五国风中的《秦风》,属秦国民歌。"秦风"多言车马田猎,粗犷质朴,而本诗却神韵缥缈,引人遐想,是一首优美的怀人诗作。

2. 结合课下注释,自由朗读,正字音。

▲ **活动设计二:讲讲我的故事**

若你是诗歌中的主人公,请为我们讲讲你的故事。

明确:执着追求一个可望而不可及的意中人。

▲ 活动设计三：说说"变"与"不变"

1. 联系上一节课我们学习的《关雎》，看看两首诗歌在语言上有什么相同点。

明确：三章的句式基本相同，只有几个字不同，即重章叠句。

2. 请同学围绕"重章叠句"的变和不变，来看看这首诗歌写了哪些内容。

明确：

景物　蒹葭（苍苍　萋萋　采采）
　　　白露（为霜　未晞　未已）
　　　伊人（在水一方　在水之湄　在水之涘）
追求　道路（道阻且长　道阻且跻　道阻且右）
　　　结果（水中央　水中坻　水中沚）

（1）景物。

① 第一章中的景物交代了哪些内容？

明确：点明环境、时令和具体的时间，苍苍蒹葭，清露为霜，渲染了一种凄清渺远、朦胧迷离的气氛。

指导朗读：语速稍慢，读出怅惘之情。

② 第二、三章的景物有何变化？说明了什么？

明确：蒹葭从"苍苍"到"萋萋"再到"采采"，白露从"为霜"到"未晞"到"未已"，暗示着时光的流逝和追求者的深情执着。

（2）追寻之路。

① 伊人。

明确：从"在水一方"到"在水之湄"再到"在水之涘"，地点的变化，可见其踪迹飘忽不定，难以寻觅，似近而远，忽隐忽现。

② 道路。

明确：从"道阻且长"到"道阻且跻"到"道阻且右"，说明追求的路途艰险、漫长、曲折，但主人公却逆流而上，追寻意中人，可见其炽热的爱恋和执着的追求。

③ 结果。

明确：追寻之后，伊人宛在"水中央""水中坻""水中沚"，在眼前却又始终不可及，苦苦思念却不可见，表现出一种惆怅失望。

指导朗读："所谓伊人"，语调上扬，读出期盼、向往，"在水一方"轻柔一些，读出憧憬；"溯洄"低沉一些，"从之"读出怅然，"道阻"拉长一些，给人阻滞之感，"且"要重读，读出痛心感，"宛在水中央"要读出怅然若失之感。

▲ 活动设计四:"伊人"是谁

1. 质疑探究,理解"伊人"。

长期以来,人们对《蒹葭》主题的解读众说纷纭,莫衷一是,即诗歌中"伊人"的形象有多重理解。《蒹葭》是一首爱情诗吗?"伊人"还可以指什么?

理解为一首爱情诗,"伊人"可以指自己所爱的人;理解为一首求贤诗,"伊人"指有贤能的人;理解为一首追求理想的诗,"伊人"可以指美好的理想和追求。

2. 理解诗歌结尾。

诗歌在诗人的追寻中戛然而止,并未交代追求"伊人"的结果,你是如何看待这样追寻伊人的行为?

在追求"伊人"的路途中,会遇到艰难险阻,但应该享受这一过程。追寻,就是自己的一段经历,一份成长。

▲ 活动设计五:河畔情景剧——当"关雎"遇上了"蒹葭"

1. 当两首诗歌中的主人公君子和"我"在河畔相遇,他们会说些什么呢?请同学们开发想象,然后来演一演。

2. 小结两首诗歌。

	《关雎》	《蒹葭》
人物	大胆	委婉
情感	直露	含蓄
意境	明朗	朦胧
语言	四言成句、双声叠韵、重章叠句	
其他	同属国风、起兴开篇	

(四)课堂小结

诗歌通过叙述诗人追求一个可望而不可及的意中人的故事,抒发了诗人炽热的爱恋和执着的追求,以及追求后的惆怅和失望。

(五)布置作业

1. 背诵《蒹葭》。

2. 结合这两首诗歌,谈谈你对爱情的看法。(300字以内)

写作　学写读后感

一、教学目标与学习要素

(一) 教学目标

1. 研读作品,能获得丰富而深刻的感悟,并能明晰而有条理地表述出来。
2. 写读后感,做到感从读出,有深度,有新意,用阅读积累和生活经历印证。
3. 培养阅读兴趣,扩大阅读面,养成读思结合、经常写读后感的习惯。

(二) 学习要素

1. 对社会人生的感受和思考。
2. 读与感的关系。

二、教学建议

读后感,简单而言,就是在读完作品后写出感受来。但是这里的"读",应该是深入研读,读懂读通,较为全面深刻地理解作品的思想内容、精神内核;而"感",首先是针对作品某一方面(如主题、人物)产生的感受,进而联系自己的生活经验产生的感想,最终获得感悟。

因而,一篇好的读后感,"读"是重要基础,是水面下的冰山。深入研读不仅需要投入时间细读,熟悉情节,更需要走进作品,品味人物,把握主旨。而"感"则是行文的重点。要求从细读作品获得的诸多感受中选取最打动人心又有一定新意的一点。切忌就事论事或者泛泛而谈。

写作读后感是在表达个人的阅读感受,但也应有读者意识,行文应遵循一定的思路。可以尝试用九宫格来梳理写作内容。

读后感九宫格

1. 确定标题 正标题:结合感悟吸引读者 副标题:读《×××》有感	2. 主要内容 用简洁的语言概括作品 对初学者可限制字数	3. 明确感点 印象最深刻的一点(句)是…… 可摘录精彩语句
4. 关联作品 和感点相关的其他作品	5. "我"的经历 相似或相反的经历	6. 身边现象 相似或相反的现象

7. 社会现实 着眼当下，客观描述	8. 感想思考 针对个人或社会现实深入分析感点的社会意义	9. 感悟总结 简短而深刻

三、教学过程

（一）导入

1. 利用假期自读《傅雷家书》和《钢铁是怎样炼成的》。
2. 选择自己喜欢的作品，再读并进行专题摘抄。

《傅雷家书》：可以根据兴趣摘抄"教子之道""父子情深"等相关内容。

《钢铁是怎样炼成的》：可以摘抄启迪思想的名言警句，生动传神的描写片段，针对主人公的评价片段。

（二）活动设计

▲ 活动设计一：图说读后感

1. 学生自行搜集读后感，阅读后列提纲，概括写作结构，合作设计九宫格。将学生设计的读后感九宫格印发全班。

参考示例如下：

1. 确定标题 正标题：结合感悟吸引读者 副标题：读《×××》有感	2. 主要内容 用简洁的语言概括作品 对初学者可以限制字数	3. 明确感点 印象最深刻的一点（句）是…… 可摘录精彩语句
4. 关联作品 和感点相关的其他作品	5. "我"的经历 相似或相反的经历	6. 身边现象 相似或相反的现象
7. 社会现实 着眼当下，客观描述	8. 感想思考 针对个人或社会现实深入分析感点的社会意义	9. 感悟总结 简短而深刻

2. 读后感"读"是前提，是基础，"感"才是最重要的。选取感点的角度，可以有哪些呢？请同学们结合平时语文学习的经历思考后整理。

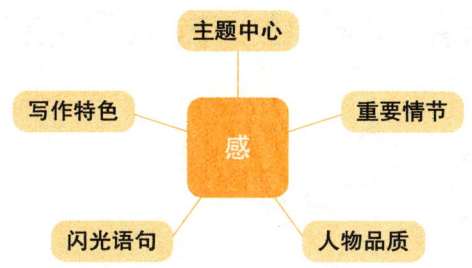

▲ **活动设计二：微信读书圈**

1. 根据选读作品和专题分阅读小组，合作完成读书任务：发一条朋友圈，要求包含精选摘抄内容及感点。

2. 选择你感兴趣的一条或两条点赞并发表有意义的评论，要求语言精练，鼓励提出不同看法。

▲ **活动设计三：撰写读后感**

1. 根据交流确定自己感点，填写读后感九宫格，梳理写作思路，再组织成文。

2. 小组内交换九宫格，互评。

称赞——我很喜欢这个部分。

质疑——这个部分我不太清楚。

建议——这里可以补充或修改。

▲ **活动设计四：交流读后感**

小组内交流，互提修改意见，选出最佳作品，集体修改后班级交流。

▲ **活动设计五：编订成册**

每位同学修改自己的读后感，汇集后分类编订成读书集。

(三) 课堂小结

本节课我们一起探讨了读后感的写作提纲，但希望同学们不要被束缚。当我们被一本书吸引，被一篇文章感动，被一段文字震撼，最重要的是拿起笔，把内心的感想记录下来，否则余味再浓、绕梁再久也终将随风消散。

(四) 布置作业

从《傅雷家书》或《钢铁是怎样炼成的》中选一本书，写一篇 600 字左右的读后感。

综合性学习　古诗苑漫步

一、教学目标与学习要素

(一) 教学目标

1. 能够选择自己喜爱的古诗,理解诗意,体悟诗情,领会意境,声情并茂熟读成诵。
2. 能够借助书法、绘画、音乐等艺术形式,理解古诗内容。
3. 能根据一定专题积累相关的古典诗词。

(二) 学习要素

1. 根据研究目的查找资料的基本方法。
2. 古典诗词的绘画美、音乐美。

二、教学建议

在中国文学的广阔疆域内,诗歌创作的历史最为悠久,作品数量最为繁多,因而中国被称为诗的国度。从《诗经》《楚辞》,到乐府、唐诗,源远流长,佳作如林。"古典诗词中蓄积了古代伟大诗人的所有心灵、智慧、品格、襟怀和修养。"(叶嘉莹)诗歌凝练的语词,悠远的意境,优美的韵律,可以滋养灵魂、陶冶性情,可以提升审美情趣和文化品味。而通过组织丰富多样的实践活动,可以引导学生感受中华诗词灿烂多姿的风貌,领悟其博大精深的内涵,进一步激发学生欣赏积累古典诗词的热情。

三、教学过程

(一) 课前准备

1. 每位同学自选诗词,根据对内容的理解作画。
2. 以小组为单位合作,选择一到两首喜爱的诗歌,配乐诵读(可以编排动作)。
3. 学唱古诗词,可以从中央电视台制作的《经典咏流传》节目中选择喜欢的诗词歌曲学习演唱,有能力的同学也可以选择诗词自行谱曲。

(二) 导入

中国是诗的国度,古典诗词是民族文化的瑰宝。诗中有深邃的思想,有悠远的意境,有美妙的韵律,有迷人的画意。诗可以吟,可以画,可以唱。今天,让我们一起漫步诗苑,追寻伟大诗人的身影,重温那些光耀古今的华美篇章!

(三)活动设计

▲ 活动设计一:古诗猜猜看

规则:幻灯片呈现诗歌,快速抢答所咏对象。

碧玉妆成一树高,
万条垂下绿丝绦。
不知细叶谁裁出,
二月春风似剪刀。
(柳)

疏影横斜水清浅,
暗香浮动月黄昏。
(梅花)

露重飞难进,
风多响易沉。
无人信高洁,
谁为表予心。
(蝉)

一节复一节,
千枝攒万叶。
我自不开花,
免撩蜂与蝶。
(竹)

忽如一夜春风来,
千树万树梨花开。
(雪)

不论平地与山尖,
无限风光尽被占。
采得百花成蜜后,
为谁辛苦为谁甜。
(蜂)

不用裁为鸣凤管,
不须截作钓鱼竿。
千花百草凋零后,
留向纷纷雪里看。
(竹)

一树春风千万枝,
嫩于金色软于丝。
永丰南角荒园里,
尽日无人属阿谁。
(柳)

解落三秋叶，
能开二月花。
过江千尺浪，
入竹万竿斜。
（风）

千形万象竟还空，
映水藏山片复重。
无限旱苗枯欲尽，
悠悠闲处作奇峰。
（云）

绿云剪叶，
低护黄金屑。
占断花中声誉，
香与韵、两清洁。
胜绝，君听说。
是他来处别。
试看仙衣犹带，
金庭露、玉阶月。
（桂）

的历流光小，
飘飖弱翅轻，
恐畏无人识，
独有暗中明。
（萤火虫）

▲ 活动设计二："声"临其境
以小组为单位，配乐诵读诗词。
建议：领会诗歌意境，把握节奏，配上合适的乐曲。

▲ 活动设计三：诗情画意
规则：幻灯片呈现绘画作品，快速抢答所画诗作。由绘画作者评定结果。
如果同学们猜不出，请绘画作者讲解。

▲ 活动设计四：经典咏唱
演唱古诗词。

（四）课堂小结

中国是一个诗歌的国度。诗歌存在于我们的生活中，镌刻在我们民族的记忆里。诗歌写在山川大地上，流淌在历史长河中。我们应当珍惜祖先的馈赠，采撷最美的诗意，感受诗歌永恒的魅力，过一种诗意优雅的生活。

（五）布置作业

选择咏物或写景作品，想象画面，改写成散文。

名著导读 《傅雷家书》选择性阅读

一、教学目标与学习要素

(一) 教学目标

1. 通过完成将作品分册编辑的核心任务,了解什么是选择性阅读及选择性阅读的方法。
2. 积累文中关于读书求学、文学艺术、人际交往等方面的金句。
3. 体会书信中的亲子之爱和家国情怀。

(二) 学习要素

根据一定目的选择性阅读作品的方法。

二、教学建议

《傅雷家书》收录了1954年到1966年间傅雷及其夫人写给两个儿子的100多封家信。1981年《傅雷家书》初次出版便轰动一时,至今畅销不衰。那是因为十二年的书信往来里丰富的内容,涉及读书求学、文学艺术、人际交往、感情处理、生活细节等诸多方面,更是因为信中傅雷先生深厚的爱子之情与深挚的爱国情怀。但也因是家书,非为出版而作,所以内容难免琐细,再加上父子两代人的文学积淀和艺术造诣,信中有些内容对普通中学生来说门槛较高,所以教材编写者将《傅雷家书》定为学习选择性阅读的书目,且需要教师进行指导。

教师可以依托项目化学习来进行阅读指导,通过创建真实的驱动性问题和成果,增进学生的真实体验,帮助学生在学习体验中习得选择性阅读的方法。

三、教学过程

项目名称:编辑《傅雷家书》分册	项目时长:8周
学科:语文	年级:八年级
项目简述: 将《傅雷家书》中书信根据主要涉及话题的不同,重新编辑成册。学生先依据作品中的典	

续 表

型篇目明确家书关联的主要话题,如"艺术修养""爱子深情""文学积淀""家国情怀"等,然后依据兴趣分组从书中选出符合话题的篇目,重新编辑成册,并从与所确定话题关联不大的书信中选出有价值的语句,编写"金句别册"

核心知识	欣赏文学作品,有自己的情感体验,初步领悟作品的内涵,从中获得对自然、社会、人生的有益启示。 能运用合作的方式,共同探讨、分析、解决疑难问题
驱动性问题	1. 本质问题 如何选择性地阅读整本书? 2. 驱动性问题 根据涉及的主要问题选择出相关的书信,将作品以先主题、再时间的排序方式编辑成若干分册,以便读者根据自己的兴趣或目的挑选阅读
项目过程	1. 入项活动 阅读推荐书信内容,分析总结书信涉及的主要问题,初步确定分册主题。 根据个人兴趣或特长选择主题,组成分册编委会。 2. 知识与能力建构 学生以略读方式自主阅读《傅雷家书》,选出与主题相关的信件。 各分册编委会内部讨论选定信件,主要确定意见不同的篇目是否留在分册内。 各分册编委会之间讨论选定信件,主要确定重合篇目应该留在哪一分册。 各分册编委会再读所有未入选信件,从中摘取与分册主题相关的"金句"。 集体交流讨论分册名称、金句辑录方式等问题。 小组分工,完成分册编订并为分册撰写序言。 3. 评论与修订 分册编委交叉审阅稿件后完成修订。 4. 公开成果 分册编委会推选人员,为全体同学介绍分册主要内容,并选择经典篇目为大家解读,对写信者的观点或情感进行评价。 5. 反思与迁移 撰写活动小结

单元练习

一、积累文字

1. 下列加点字注音完全正确的一项是(　　)。

   A．豁然开朗(huò)　　阡陌(xiān)　　邑人(yì)　　缤纷(bīn)

   B．俶尔(shū)　　翕忽(xī)　　参差(cī)　　怡然(yí)

   C．卷端(juàn)　　壬戌(rén)　　水波不兴(xìng)　　糁之(sǎn)

   D．寤寐(wù)　　溯洄(sù)　　为坻(chí)　　荇菜(xìng)

2. 下列各句中加点字用法与其他不同的一项是(　　)。

   A．皆若空游无所依　　　　B．斗折蛇行

   C．佛印绝类弥勒　　　　　D．从小丘西行百二十步

3. 你能找出下列各句中的通假字吗？

   (1) 便要还家　　　　　_____通_____

   (2) 左手倚一衡木　　　_____通_____

4. 下列各句中加点字意义用法相同的一项是(　　)。

   A．潭中鱼可百许头/高可二黍许

   B．率妻子邑人来此绝境/佛印绝类弥勒

   C．具答之/各具情态

   D．寻向所志/寻病终

5. 找出下列句中古今意义不同的词，写出古义后用今义造句。

   (1) 芳草鲜美，落英缤纷。

   词：_____　古义：_____

   造句：_____

   (2) 复行数十步，豁然开朗。

   词：_____　古义：_____

   造句：_____

   (3) 阡陌交通，鸡犬相闻。

   词：_____　古义：_____

   造句：_____

(4) 率妻子邑人来此绝境。

词：_____ 古义：_____

造句：_____

(5) 乃不知有汉，无论魏晋。

词：_____ 古义：_____

造句：_____

二、阅读诗文

(一)《诗经》二首

1. 下面说法有误的一项是(　　)。

A. 课本中的两首诗都是古代反映爱情的民歌

B. "比兴"手法是《诗经》中诗歌常用的手法，《关雎》中就有大量的"比兴"

C.《关雎》与《蒹葭》都运用了反复的修辞方法

D.《关雎》的感情真挚热烈，《蒹葭》也表现了热烈奔放的情感

2. 下面诗句中没有运用比兴手法的一项是(　　)。

A. 关关雎鸠，在河之洲。窈窕淑女，君子好逑

B. 参差荇菜，左右采之。窈窕淑女，琴瑟友之

C. 求之不得，寤寐思服。悠哉悠哉，辗转反侧

D. 蒹葭苍苍，白露为霜。所谓伊人，在水一方

3. 下列说法不正确的一项是(　　)。

A.《关雎》中"关关雎鸠，在河之洲"采用的是"兴"的手法

B.《蒹葭》中"所谓伊人"的"伊人"，与《关雎》中的"君子好逑"的"君子"，指的是同样的人

C.《蒹葭》全诗不着"思"与"愁"字，读者却可以体会到诗人那种深深的企慕和求而不得的惆怅

D.《关雎》是《诗经》的第一首，选自《诗经·周南》

(二)

【甲文】见渔人，乃大惊，问所从来。具答之。便要还家，设酒杀鸡作食。村中闻有此人，咸来问讯。自云先世避秦时乱，率妻子邑人来此绝境，不复出焉，

遂与外人间隔。问今是何世,乃不知有汉,无论魏晋。此人一一为具言所闻,皆叹惋。余人各复延至其家,皆出酒食。停数日,辞去。此中人语云:"不足为外人道也。"

【乙文】先生不知何许人也,亦不详其姓字,宅边有五柳树,因以为号焉。闲静少言,不慕荣利。好读书,不求甚解;每有会意,便欣然忘食。性嗜酒,家贫不能常得。亲旧知其如此,或置酒而招之;造饮辄尽,期在必醉。既醉而退,曾不吝情去留。环堵萧然,不蔽风日;短褐穿结,箪瓢屡空,晏如也。常著文章自娱,颇示己志。忘怀得失,以此自终。

(节选自《陶渊明集》)

【丙文】陶潜,字元亮,少怀高尚,博学善文,颖脱不羁,任真自得,为乡邻之所贵。尝著《五柳先生传》曰:"环堵萧然,不蔽风日;短褐穿结,箪瓢屡空,晏如也。"其自序如此,时人谓之实录。其亲朋好事,或载酒肴而往,潜亦无所辞焉。每一醉,则大适融然①。时或无酒,亦雅咏不辍。性不解音,而畜②素琴一张,弦徽③不具,每朋酒之会,则抚而和之,曰:"但识琴中趣,何劳弦上声!"

(节选自《晋书》)

【注释】① 融然:和悦快乐的样子。② 畜:同"蓄"。③ 弦徽:琴弦与琴徽,琴弦即琴弦音位的标志。

1. "适"字,在工具书上主要有以下解释,丙文中"大适融然"中的"适"意为(   )。

   A. 符合   B. 恰好   C. 满足   D. 舒服

2. 下列各项中加点词意思相同的一项是(   )。

   A. 家贫不能常得/任真自得

   B. 此人一一为具言所闻/弦徽不具

   C. 闲静少言/少怀高尚

   D. 好读书/其亲朋好事

3. 关于以上三篇选文,下列说法不恰当的一项是(   )。

   A. 甲文和乙文均是陶渊明本人所作,丙文则是他人所著

   B. 三篇选文都体现了陶渊明安贫乐道和隐居避世的思想

   C. 乙文让我们看到了一个率真放达、安贫乐道的陶渊明

   D. 丙文主要借喝酒和抚琴来体现陶渊明颖脱不羁的性格

参考答案

一、积累文字

1. D 2. C 3. (1)"要"通"邀" (2)"衡"通"横" 4. A

5. (1) 词：鲜美　　古义：新鲜美好　　造句：略

　　(2) 词：开朗　　古义：开阔敞亮　　造句：略

　　(3) 词：交通　　古义：交错相通　　造句：略

　　(4) 词：妻子/绝境　　古义：妻子儿女/与人世隔绝的地方　　造句：略

　　(5) 词：无论　　古义：不要说，更不必说　　造句：略

二、阅读诗文

(一) 1. D 2. C 3. B

(二) 1. C 2. D 3. B

第四单元　活动·探究

单元教学目标

1. 学习演讲的文体特质,掌握演讲词的风格类型。
2. 掌握演讲词的不同特色。
3. 制定演讲评比量表,撰写演讲稿。
4. 举办班级演讲比赛。

单元内容框架

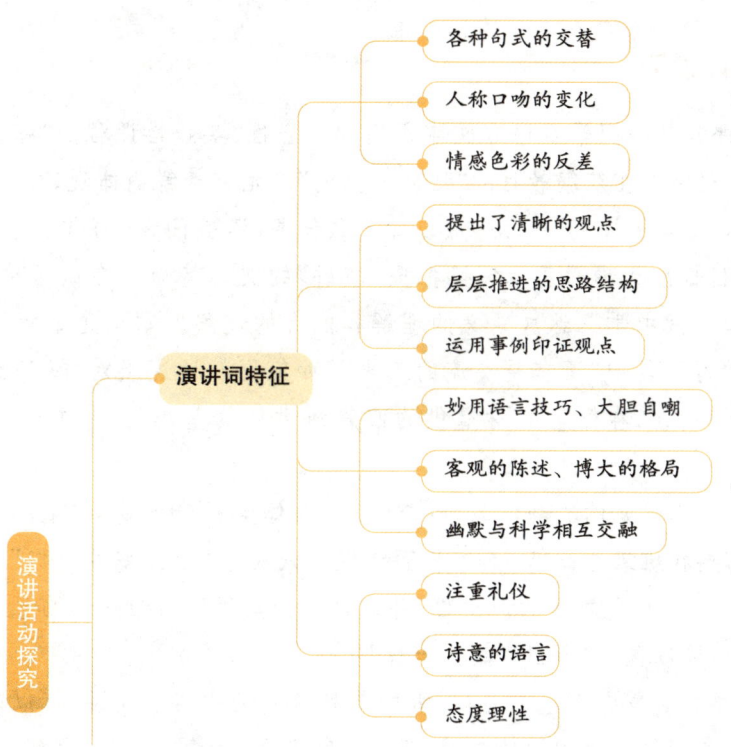

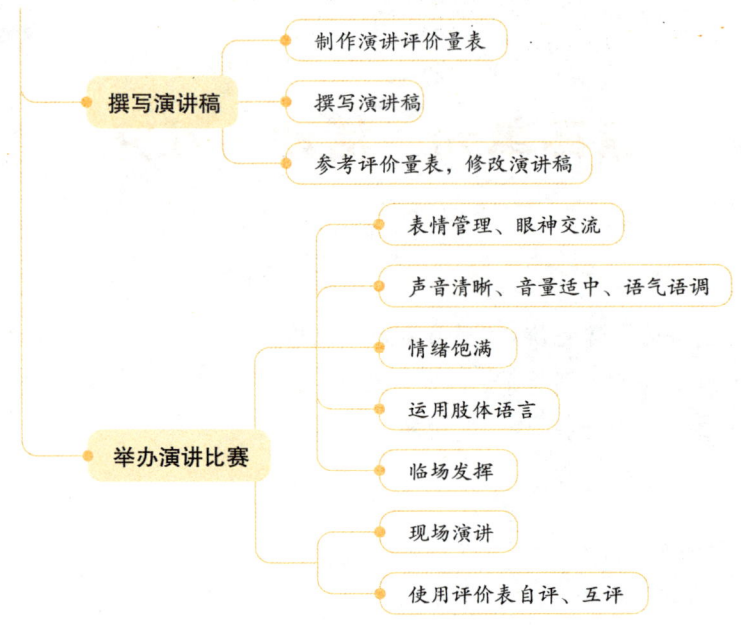

单元设计说明

语文课程是一门学习语言文字运用的综合性、实践性课程。"综合性""实践性"这一课程特点在统编教材的"活动·探究"单元有着鲜明体现。不同于一般的主题单元,"活动·探究"单元一般设计三项任务,涵盖阅读、写作、实践。阅读板块的学习目标应为通过篇章阅读把握"演讲"的文体特质。在撰写演讲词,演讲实践中实现"做中学",达成意义的理解和能力的迁移。本单元聚焦"演讲"这一"实用文学习",其中"语言是交流的工具""如何更好地说服对方"等大概念是该单元的关键所在,在学习教材提供的四篇演讲词的基础上,将知识与能力进行迁移。

基于此,本单元的驱动任务为:"十四岁集体生日"活动就要到了,在集体生日当天,你需要在班级全体师生、家长面前做一次关于"十四岁的我们"为主题的演讲,请你撰写一份高质量的演讲稿,并设计一份演讲评价量表为自己与同学的表现打分。情境设置为"十四岁集体生日"活动。

学生要高质量完成这个任务,需借助教材提供的四篇演讲词,以四篇演讲词为范本,分析四篇演讲词的特色,梳理成不同维度,如内容选择、逻辑清晰、运用修辞、听众情况、场合氛围、现场演绎等。演讲比赛评分表有不同的评分维度,并赋予其权重。在此基础上，撰写演讲稿，并举办班级演讲比赛。通过对阅读、写作、口语表达、比赛、评议等活动的整合，形成一个带有活动性、综合性、复杂性和交际性的自主学习体系。

一、教学目标与学习要素

（一）教学目标

1. 学习演讲的文体特质，掌握演讲词的风格类型。
2. 掌握演讲词的多种特点。
3. 制定演讲评比量表，撰写演讲稿。
4. 把握演讲技巧，举办班级演讲比赛。

（二）学习要素

1. 演讲指在公开场合发表主张、见解。
2. 演讲词是针对特定的对象（现象、问题、事件构成的情境）向特定的人（某个群体，如果是写信则是某个人），阐释（包括分享告知、劝告慰勉、说服鼓励、提示警醒）自己的看法和主张的文体。
3. 演讲词的风格有慷慨激昂、客观理性、风趣幽默、庄重典雅等。
4. 演讲词的类型一般有分享告知、劝告慰勉、说服鼓励、提示警醒等。
5. 演讲词的针对因素有目的、环境、听众等。
6. 撰写演讲词可运用修辞、使用灵活句式、人称变化、凸显情感反差等方法。
7. 高质量演讲词有思路清晰、观点明确、富有深度、展现人格魅力等特点。
8. 演讲技巧有语气、语调、重音、节奏的调配，表情的处理，体态语的运用等。

二、文本解读

（一）课文整体解析

1. 《最后一次讲演》

《最后一次讲演》是1946年7月15日闻一多先生在李公朴追悼会上发表的即兴演说后的讲话整理内容，目的在于声讨国民党反动派的无耻罪行和卑劣行径，颂扬李公朴先生为民主与和平而英勇牺牲的爱国主义精神，并号召人民群众与敌人斗争到底。

在这篇鼓动性极强的演讲中,出现了 3 种人称、11 次掌声、42 个感叹号,当时演讲情形如詹开龙所说:"闻先生的演讲激昂慷慨,人们屏息静听,整个会场静得只有闻先生洪亮的声音载着烈火一样的语言在回响,或者就是暴风雨般的掌声震撼屋宇。整个气氛简直使那些混迹其间的特务分子无容身之地。"

《最后一次讲演》这篇演讲词慷慨激昂,极富号召力和感染力,主要有三方面特征,一是各种句式的交替,二是人称口吻的变化,三是情感色彩的反差。在教学中,需把握这三种特征来领略闻一多《最后一次讲演》的演讲艺术。

2.《应有格物致知精神》

《应有格物致知精神》是美籍华裔物理学家丁肇中先生于 1991 年 10 月在北京人民大会堂举行的"情系中华"大会上发表的演讲。1991 年 10 月,《瞭望》周刊的"情系中华"征文特别奖的颁奖会在北京人民大会堂举行。丁肇中先生因为写了一篇文章《怀念》,获得特别荣誉奖。在这次大会上,丁肇中先生作了这篇演讲。这篇演讲的主体部分,作者思路清晰,层层推进,围绕"格物致知"的含义嬗变和当代价值阐述了自己的观点,提出对中国一代人的希望,体现出一种客观理性、严谨求实的风格,与其科学家的身份特点极为符合。

《应有格物致知精神》这篇演讲词客观理性、严谨求实,表现在演讲者提出了清晰的观点,呈现了层层推进的思路结构,以及运用事例来印证观点的方法。在教学中,需把握住这三种特征来领略丁肇中的《应有格物致知精神》的演讲艺术。

3.《我一生中的重要抉择》

《我一生中的重要抉择》的作者是王选。王选,江苏无锡人,生于上海,1954 年以高分考入北大,随后留校任教。1975 年王选开始进行汉字激光照排技术和电子出版系统的研制工作,这项研究为新闻、出版全过程的计算机化奠定了基础,被誉为"汉字印刷术的第二次发明",他还是联合国教科文组织科学奖得主,这项荣誉在中国只属于袁隆平与王选。"当代毕昇"的称号王选当之无愧。

这篇课文节选自王选在北大面向学生群体的演讲《我一生中的八个重要抉择》,节选部分保留了演讲的开头和结尾,主要讲述的是他的第六个抉择——帮扶青年人。在这短短的"八分之一"的演讲中,演讲者一共收获了七次掌声,九次笑声。幽默是这篇演讲词最大的特点,妙用技巧、大胆自嘲,是幽默效果得以产生的原因。此外,客观的陈述、博大的格局是这篇演讲词的另一个特点,幽默与科学相互交融,在教学中,需通过这篇演讲词的特征领略王选的演讲魅力。

4.《庆祝奥林匹克运动复兴25周年》

顾拜旦(1863—1937),法国教育家、社会活动家,现代奥林匹克运动创始人,被誉为"现代奥林匹克之父"。他是奥林匹克会徽、会旗的设计者,运动员誓词的起草者。他主张奥林匹克运动是"自由超越的领域",他确立了终生倡导的奥林匹克精神,有著名诗作《体育颂》。

本文是顾拜旦在1919年4月瑞士洛桑国际奥委会全体委员大会上发表的演讲。第一次世界大战的爆发,冲击了原定在1916年举行的第六届奥运会,中断了国际奥林匹克运动的发展。此前的奥林匹克运动也暴露出一些弊端,比如裁判不公、服兴奋剂、以车代步等,这类事件在顾拜旦看来违背了他提倡的奥林匹克精神,他敏锐地看到当时社会出现的一些不利于体育健康发展的危机,因此借此次演讲大声呼吁,希望世人能充分理解奥林匹克运动追求的崇高理想。

演讲礼仪、诗一般的语言、庄重典雅是这篇演讲词独具的特色。在教学中,需把握住这些特色来领略《庆祝奥林匹克运动复兴25周年》演讲词的魅力。

(二) 重点语段细读

《最后一次讲演》

1. 今天,这里有没有特务?你站出来!是好汉的站出来!

反问句与感叹句相互交织的运用传达出作者对特务的斥责与仇恨,人称"你"表达对敌人的满怀蔑视和怒发冲冠。

2. 李先生究竟犯了什么罪,竟遭此毒手?他只不过用笔写写文章,用嘴说说话,而他所写的,所说的,都无非是一个没有失掉良心的中国人的话!

"李先生"的称呼语气热情尊敬,表达对李公朴的满怀崇敬之情。

3. 看今天来的这些人,都是我们的人,都是我们的力量!此外还有广大的市民!我们有这个信心:人民的力量是要胜利的,真理是永远存在的。

感叹句式传达出闻一多强烈的情感,人称"我们",表达出亲切、坚定不移的态度。叙述人称的不断转变是为表达思想情感和政治目的服务的,一边是与听众们团结一致,奋战到底,一边是将自己与听众和特务区分开来,宣泄内心极度的愤恨和无限的谴责,极大地调动了演讲的鼓动性和战斗性。

《应有格物致知的精神》

1. 我非常荣幸地接受《瞭望》周刊授予我的"情系中华"征文特别荣誉奖。我父亲是受中国传统教育长大的，我受的教育的一部分是传统教育，一部分是西方教育。缅怀我的父亲，我写了《怀念》这篇文章。多年来，我在学校里接触到不少中国学生，因此，我想借这个机会向大家谈谈学习自然科学的中国学生应该怎样了解自然科学。

开场白，从获奖自然转入教育问题，明确提出讨论话题。

2. 大家都知道明朝的大理论家王阳明，他的思想可以代表传统儒家对实验的态度。有一天王阳明要依照《大学》的指示，先从"格物"做起。他决定要"格"院子里的竹子。于是他搬了一条凳子坐在院子里，面对着竹子硬想了七天，结果因为头痛而宣告失败。这位先生明明是把探察外界误认为探讨自己。

举王阳明的例子表明古代学者歪曲了"格物致知"的真实含义，印证作者的观点：新的知识要通过实地实验、积极探测而得到。

3. 在这方面，我有个人的经验为证。我是受传统教育长大的。到美国大学念物理的时候，起先以为只要很"用功"，什么都遵照老师的指导，就可以一帆风顺了，但是事实并不是这样。一开始做研究便马上发现不能光靠教师，需要自己做主张、出主意。当时因为事先没有准备，不知吃了多少苦。最使我彷徨恐慌的，是当时的唯一办法——以埋头读书应付一切，对于实际的需要毫无帮助。

举自己的例子表明正是缺乏实验精神和实践碰了不少壁，进而印证：我们要重视实验，做到真正意义上的"格物致知"。

4. 在环境激变的今天，我们应该重新体会到几千年前经书里说的格物致知的真正意义。这意义有两个方面：第一，寻求真理的唯一途径是对事物客观的探索；第二，探索应该有想象力、有计划，不能消极地袖手旁观。希望我们这一代对于格物和致知有新的认识和思考，使得实验精神真正变成中国文化的一部分。

明确指出"格物致知"的真正意义，对新一代提出期望。

《我一生中的重要抉择》

1. 所以我知道自己是一个下午四五点钟的太阳。各位呢，上午八九点钟的太阳，这是本科生；硕士生呢，九十点钟的太阳；博士生呢，十点十一点钟的太阳。

为了达到幽默的效果演讲者往往需要调动一定的语言技巧来巧妙地组织话

语。此句王选灵活运用典故名言,巧妙地将毛泽东的名言进行推演,达到幽默效果,拉近与听众的距离。

2. 我已经五年脱离第一线,怎么可能是权威?世界上很难找到60岁以上的计算机权威,只有60岁以上犯错误的一大堆。

大胆自嘲的情感态度是一种主动的"降格",从自嘲话语、心理上巧妙地降低语言对象的等级"档次",拉近了作为权威的院士王选与以青年学生为主的听众之间的距离,也契合"幽默"的特征。更为关键的是,拿自己"开导",启发青年正视"权威",冷静看待"权威"的身份,王选"求是"的科学精神令人感动。

《庆祝奥林匹克运动复兴25周年》

1. 青少年开始为呆板而复杂的教育枷锁所套牢,被在愚蠢的放纵和不明智的严厉交互作用下的道德说教以及拙劣肤浅的世界观所束缚。这就是为何我们要重启奥林匹克时代,并为体格训练的复兴隆重庆祝。

顾拜旦希望通过复兴奥运会,重启奥林匹克来改变传统教育,促进青少年发展,语言理性、典雅。

2. 但是,奥林匹克精神致力于让社会底层的人们接触到现代工业所塑造的各种锻炼形式,享受到强身健体的乐趣。这就是完美的、民主的奥林匹克精神,今天我们要为它奠定基础。

作者阐述了完美的、民主的奥林匹克精神给人的巨大作用,语言铿锵有力,态度坚定,给人以信心。

3. 狂风骤雨之后,我们迎来破晓的黎明。待到中午时分,湛蓝的天空必将万里无云;收获者的双臂,捧满沉甸甸的金黄麦穗。

作者满怀激情,以诗意的语言描绘愿望实现时的美好画面,催人奋进,富有感染力。

三、教学过程

第一课时

(一) 课时目标

1. 明确本单元的任务。
2. 了解演讲、掌握演讲词的定义。

3. 初步明确演讲稿的特点与演讲的要点。

(二) 导入

教师提供《挑战主持人》节目中的演讲视频供学生观看,激发学生对演讲的兴趣。

(三) 活动设计

▲ 活动设计一:我眼中的演讲

同学们,说一说你所了解的演讲、演讲词。

设计意图:了解演讲、演讲词的定义。演讲,指在公开场合发表主张、见解。演讲词是针对特定的对象(现象、问题、事件构成的情境)向特定的人(某个群体,如果是写信则是某个人),阐释(包括分享告知、劝告慰勉、说服鼓励、提示警醒)自己的看法和主张的文体。

▲ 活动设计二:任务大挑战

"十四岁集体生日"活动就要到了,在集体生日当天,你需要向班级全体师生、家长做一次关于"十四岁的我们"为主题的演讲,请你撰写一份高质量的演讲稿供当天参考,并设计一份演讲评价量表为自己与同学的表现打分。

设计意图:创设真实情境,明确告知学生将要完成的任务,以任务为导向,有利于学生掌握本单元相关知识,提升技能及语文素养。

▲ 活动设计三:头脑风暴

1. 一份高质量的演讲稿是怎么样的?
2. 一次高表现的现场演讲要注意些什么?

设计意图:学生经过交流讨论,以思维导图的形式罗列出相关内容,形成演讲比赛评价量表初稿。

(四) 课堂小结

这节课我们知晓了这个单元的任务,了解了什么是演讲,以及一份高质量的演讲词、一次高质量的现场演讲具备哪些特征,希望今天的内容能为我们接下来学习奠定良好的基础。

(五) 布置作业

在网上搜索相关演讲视频,注意演讲的内容以及演讲者的现场感染力。

第二课时

(一) 课时目标

1. 了解演讲词的不同风格。
2. 掌握《最后一次讲演》演讲词的特色。

(二) 导入

本单元提供了四篇不同风格的演讲词,我们能从其中学到什么演讲秘笈?

(三) 活动设计

▲ **活动设计一:演讲风格连一连**

阅读四篇演讲词《最后一次讲演》《应有格物致知精神》《我一生中的重要抉择》《庆祝奥林匹克运动复兴 25 周年》,思考四篇演讲词偏向于哪一种风格,试着连一连线。

篇目	风格
《最后一次讲演》	客观理性、严谨求实
《应有格物致知精神》	慷慨激昂、极富号召力和感染力
《我一生中的重要抉择》	庄重典雅、带有历史性文献
《庆祝奥林匹克运动复兴 25 周年》	风趣幽默、坦诚率真

设计意图:知晓演讲词的不同类别,探究四篇演讲词的不同风格。

▲ **活动设计二:连线理由大公开**

小组交流连线任务,推选一名组员阐述连线理由。

设计意图:学生把握四篇演讲词的内容情感与风格类型,并组织语言简要概括内容,锻炼学生的思辨能力、表达能力。

▲ **活动设计三:背景大追问**

《最后一次讲演》的受众是谁?是谁做的演讲?是在什么情况下做的演讲?同学们请思考,闻一多做这次讲演的意图是什么呢?

设计意图:学生把握《最后一次讲演》的演讲背景、演讲目的。

▲ **活动设计四:效果来印证**

有人称闻一多当时的演讲"激昂慷慨,人们屏息静听,整个会场静得只有闻先生洪亮的声音载着烈火一样的语言在回响,或者就是暴风雨般的掌声震撼屋宇。整个气氛简直使那些混迹其间的特务分子无容身之地。"这篇演讲词是如何达到这种效果的?圈画相关语句,体会闻一多的演讲艺术。

设计意图:此活动为重点教学部分。引导学生从开头结尾(开门见山、结尾呼吁)、句式的交替(感叹句、反问句等句式)、人称的变化(你、你们、我们、李先生)、情感的反差(对待李公朴和对待反动派迥异的情感)方面归纳这篇演讲词的特色。

(四) 课堂小结

今天我们了解了演讲词的不同风格,有的客观理性、有的慷慨激昂、有的庄重典雅、有的风趣幽默等等。我们还梳理了闻一多《最后一次讲演》这篇演讲词的特色,希望大家结合家庭作业进一步体会慷慨激昂的演讲风格。

(五) 布置作业

在《最后一次讲演》中选择你喜欢的段落进行演讲,搜索并观看慷慨激昂、富有号召力与感染力的演讲视频。

第三课时

(一) 课时目标

1. 制作一份说服鼓动类的演讲词评价量表。
2. 掌握《应有格物致知精神》演讲词的特色。
3. 制作一份劝告慰勉类演讲词评价量表。

(二) 导入

同学们,我们一起来回忆一下上节课赏析的《最后一次讲演》的艺术特色?

(三) 活动设计

▲ 活动设计一:制作说服鼓动类评价表

结合上节课对《最后一次讲演》演讲词的特色分析,尝试制作一份说服鼓动类的演讲词评价量表。

设计意图:《最后一次讲演》鼓动性极强,依据这篇演讲词梳理表达特色,完成说服鼓动类的评价量表。

▲ 活动设计二：为什么大不同？

同样是演讲词，与慷慨激昂的《最后一次讲演》不同，丁肇中的《应有格物致知精神》呈现客观理性、严谨求实的风格，请探究其原因。

设计意图：引导学生知晓演讲需考虑场合、对象、话题等因素选择相应风格。《应有格物致知精神》是丁肇中在北京人民大会堂举行的"情系中华"大会上发表的演讲，探讨的是"学习自然科学的中国学生应该怎样了解自然科学"的话题，偏学术性，因此演讲词客观理性、严谨求实。

▲ 活动设计三：《应有格物致知精神》中的成功秘笈

《应有格物致知精神》这篇演讲词有哪些成功的地方？

设计意图：此为重点探究活动。引导学生学习该演讲词"层层推进"的论证思路、善于举例印证观点的方法、对"我们这一代"要实现真正意义上的"格物致知"劝告勉励这三方面演讲词艺术。

▲ 活动设计四：制作劝告慰勉类演讲词评价量表

设计意图：结合活动三，落实《应有格物致知精神》的写作特色，制作劝告慰勉类演讲词评价量表。

（四）课堂小结

同学们，这节课我们了解了《应有格物致知精神》演讲词的特色，并尝试制作了评价量表，在制作评价量表的过程中相信大家对劝告慰勉类演讲词会有更深刻的认识。

（五）布置作业

在《应有格物致知精神》中选择你喜欢的段落进行演讲练习。

第四课时

（一）课时目标

1. 掌握《我一生中的重要抉择》演讲词特点。
2. 掌握《庆祝奥林匹克运动复兴25周年》演讲词特点。
3. 制作分享告知类演讲词评价量表。
4. 制作提示警醒类演讲词评价量表。

（二）导入

同学们，这节课我们一起来欣赏两篇演讲词《我一生中的重要抉择》《庆祝奥林匹克运动复兴 25 周年》。

（三）活动设计

▲ 活动设计一：点赞《我一生中的重要抉择》

结合《我一生中的重要抉择》的演讲背景，这篇演讲词的成功之处体现在什么地方？

设计意图：借鉴《最后一次讲演》《应有格物致知精神》的学习经验，学生小组合作，探析《我一生中的重要抉择》这篇演讲词的"幽默"特色：①灵活运用语言的技巧。如"名人老了，称呼变成王老，凡人就只能叫老王"，对词语"王老、老王"进行了"词语逆序"。②善于大胆自嘲。主动地将自己比作四五点的将要落山的太阳，把自己上电视接受采访和宣传的行为称作"卖狗皮膏药"，坦诚"我承认我剥削年轻人最多"并感谢知情群众"对我也比较谅解"。作者科学"求是"的精神（如对"权威"身份保持警惕）、博大的格局（提倡扶持年轻人）也是这篇演讲词成功之处。

▲ 活动设计二：制作分享告知类演讲词评价量表

设计意图：结合活动一，掌握《我一生中的重要抉择》演讲词特色后，制作分享告知类演讲词评价量表。

▲ 活动设计三：点赞《庆祝奥林匹克运动复兴 25 周年》

结合《庆祝奥林匹克运动复兴 25 周年》的演讲背景，这篇演讲词的成功之处体现在什么地方？

设计意图：这篇演讲词讲究礼仪（如开头"联邦主席、女士们、先生们""请允许我详细阐述一下二者的区别"等语句）、语言诗意、态度理性诚恳。可从这三方面详细阐述。

▲ 活动设计四：制作提示警醒类演讲词评价量表

设计意图：结合活动三，掌握《庆祝奥林匹克运动复兴 25 周年》演讲词特色后，制作提示警醒类演讲词评价量表。

（四）课堂小结

根据前几节课的学习经验，我们很快地掌握了《我一生中的重要抉择》《庆祝奥林匹克运动复兴 25 周年》两篇演讲词的特色。本单元四篇风格各异的演讲词让我们领略到了演讲的魅力,希望大家能学以致用,能根据不同场景、对象写出精彩的演讲稿。

(五) 布置作业

在《我一生中的重要抉择》《庆祝奥林匹克运动复兴 25 周年》中选择喜欢的段落进行演讲练习。

第五课时

(一) 课时目标

1. 整合演讲词评价量表内容。
2. 参考评价量表,撰写演讲词。

(二) 导入

同学们,我们已经领略过四篇优秀的演讲词风采,相信同学们已经掌握不少演讲词成功秘笈,让我们开始今天的活动吧。

(三) 活动设计

▲ **活动设计一:评价量表大整合**

阅读课本 92 页的"任务二　撰写演讲稿"中的"具体技巧",将第一课时的评价量表初稿与四类演讲词评价量表进行整合,梳理一份完整的演讲词评价量表。

设计意图:学生梳理、整合文本材料,不断优化演讲评价量表。

▲ **活动设计二:演讲词写作高手**

在学习四篇演讲词成功秘笈的基础上,参考演讲词评价量表,撰写主题为"十四岁的我们"的演讲词。

(四) 课堂小结

依据演讲词评价量表,在撰写演讲词上有了参照的标准,更有利于同学们写出一篇精彩的演讲词。希望同学们在写完后,也能对照评价量表进行相应的修改。

(五) 布置作业

依据演讲词评价量表,进一步修改撰写的演讲词。

第六课时

(一) 课时目标

1. 了解演讲的基本技巧。
2. 举行小组演讲选拔赛。
3. 根据演讲评价量表,优化演讲表现。

(二) 导入

同学们,今天我们就要进行现场演讲了,看看我们谁能成为最佳演讲者!

(三) 活动设计

▲ 活动设计一:演讲技巧要知晓

观看历史名人演讲视频、热门演说类节目视频,记录演讲技巧要点,将演讲要点加入到演讲评价量表中。

设计意图:直观感受优秀的演讲视频,掌握演讲技巧。如表情管理、眼神交流、声音清晰、音量适中、语气语调、情绪饱满、身体姿势、临场发挥等技巧。

▲ 活动设计二:演讲比赛试一试

举办小组选拔赛,先根据自己撰写的演讲稿进行演练,根据演讲评价量表进行自评与他评。再根据评价,调整优化自己的演讲。

设计意图:进行演讲演练,依据评价量表,改善自己的表现。

(四) 课堂小结

本单元要求大家来学习演讲词、撰写演讲稿、举办演讲比赛,大家经历了学、写、讲的全过程,相信大家对演讲有了更深入的认识,如果同学们以后在一些场合需要演讲,希望能把这段时间所学的知识迁移过去。

(五) 布置作业

建议用手机等设备把自己的演讲录制下来,分享给身边的亲友。

单元练习

▲ 活动设计一:"优秀演讲修炼之路"经验谈

活动建议:请学生回顾整个单元的活动探究过程,从初次接触演讲、阅读演讲词、制作演讲评价量表,模拟演讲,再到演讲比赛,选择自己印象最深的一个方面谈谈自己的感受,做一个"优秀演讲修炼之路"的总结,留下成长记忆,也为未来学习、生活积累经验。

▲ 活动设计二:拍摄演讲小视频

活动建议:以自己撰写的"十四岁的我们"的演讲词为蓝本,拍摄一段演讲视频,可发送至朋友圈或相关网络平台,与大家分享。

▲ 活动设计三:品析演讲词

阅读《我们民族缺的不是聪明人,而是笨人》这篇演讲词,体会演讲词的艺术特色。

我们民族缺的不是聪明人,而是笨人

刘震云

我在北大有很多特别好的导师,我在另外一个学校也有两个特别好的导师。

一个是我的外祖母,我外祖母是一个普通的中国农村妇女,她不识字,她1900年出生,1995年去世,活了95年。她在方圆几十里都是个明星,如果她要演电影就是安吉丽娜·朱莉,如果踢足球就是梅西,如果打篮球就是杜兰特,如果跑百米就是博尔特。但是她一辈子都在这里。她的个子只有一米五六。我们黄河边三里路长的麦趟子,她割麦子是速度最快的,当她把麦子从这头割到那头的时候,一米七八的大汉也比不过她。

当她晚年的时候,我跟她有一次炉边谈话。我说你为什么割的比别人快?她说我割的不比任何人快,只是三里路长的麦堂子,我只要扎下腰,我从来不直腰,因为你想直1次腰的时候,你就会想直第10次、第200次,我无非是在别人直腰的时候割的比别人更快一点。

我有个舅舅,是一个木匠,他小时候种过天花,脸上有一些麻子,所以大家都叫他刘麻子。刘麻子做的箱子在周围40里卖得最好,所以渐渐我们周边就没有木匠了,就剩刘麻子一个人了。所有的木匠说刘麻子这个人毒,所有的顾客都说他

做的箱子柜子特别好。

他晚年的时候我跟他有一个炉边谈话。我说:"你的同行说你毒,你的顾客说你好,你到底是什么人?"他说:"别人说你毒、说你好,并不能使你成为一个好木匠,唯一使我能成为好木匠的是:别人打一个箱子花三天时间,我花六天时间,我比他做得更好。"接着他又说,"你只花六天时间还不是一个好的木匠。"他说,"我是打心眼里喜欢做木匠,我特别喜欢闻做木匠活刨出来的刨子花的味道。只是喜欢做木匠活,也当不好木匠,有时候我当木匠的时候会有恍惚的时候,就是当我看到一棵树,我看到如果它是一个松木,是一个柏木,是楠木,这要是给哪家姑娘出嫁的手打个箱子该多好;如果它是一棵杨树,杨树是最不成材的,只能打个小板凳。"我觉得他已经到达了"空即是色,色即是空"的境界,他虽然不是北大哲学系的,但是他到达了哲学系毕业的水平。

我开车路过我们民族的马路,我们民族的马路两边基本上大家会看到都是杨树。为什么? 因为杨树长得快。但是你要到其他的国家,像欧洲、北美其他的发达国家,路两旁全是松树、椴树、楠树、橡树、白蜡,树的质量的对比能够代表一个民族的心态。

所以最后我送在座的师妹和师弟两句话。一句是种树要种松树,做人要做刘麻子;另一句是举起你们手里的探照灯,照亮我外祖母没功夫直腰的麦田。

活动建议:这是刘震云在北京大学国家发展研究院2017届毕业典礼上的发言。原文4000多字,这里节选删改的是演讲的结尾部分。这篇演讲的目的是劝诫大学生毕业走上社会后做一个脚踏实地的人,对社会有用的人,对待工作不仅要兢兢业业,更要有一颗热爱工作、精益求精的心。从民族未来的角度思考大学生的未来,作者胸怀博大且具有前瞻性。此外,刘震云选择从亲历的人和故事入手,讲述外祖母与舅舅的精神和品格,生动感人,真实可信。演讲词语言朴素亲切,同学们可从这些角度进行赏析。

第五单元

单元教学目标

1. 了解游记的特点。
2. 把握作者的游踪、写景的角度和方法。
3. 品读文章语言,积累精彩语句。

单元内容框架

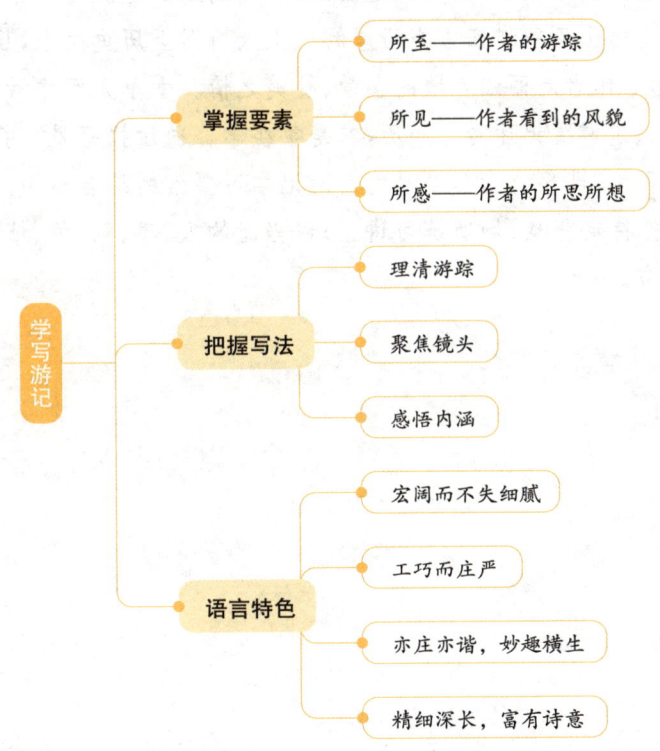

单元设计说明

本单元所选课文都是游记,通过记述游览见闻,描摹山水风光,吟咏人文胜迹,以抒发作者的情思。品读游记这样的文字,跟着作者的想象去游览世界,让我们丰富见闻,增长知识,开阔眼界。梁衡的《壶口瀑布》描绘了壶口瀑布汹涌澎湃之景,营造了壮丽开阔之境,通过各种语言形式显现出壶口瀑布的奔腾之势,表达作者的所思所想和对黄河的热爱之情。马丽华的《在长江源头各拉丹冬》记述了作者跟随摄制组在各拉丹冬游览的经历,描写了雪域高原的壮美景色,展现了大自然的伟大和神奇,表达了作者观瞻如此壮景由衷涌出的豪情。马克·吐温的《登勃朗峰》主要写了登勃朗峰的经过,并借助典型的描写,赞美了勃朗峰美丽的景色,表达了作者对大自然的无限热爱之情,字里行间透露出的作者乐观、积极、率真的生活态度。阿来的《一滴水经过丽江》以一滴水的经历为线索,通过水的视角来描述从玉龙雪山到丽江四方街沿岸的风土人情乃至历史由来,展现了一幅立体丽江图,表达了作者对丽江古城的喜爱、赞美之情。本单元写作教学为写游记,一是重在学会通过游踪记述游览经历,二是重在学会通过描写景物抒发感受。本单元综合性学习为"即席讲话",是对前面游记学习要素的综合运用。主要学习内容为:学会根据特定背景、场所练习讲话;以当时的人、事、景、物、情作为切入点,进行流畅的发言。

17　壶口瀑布

梁　衡

一、教学目标与学习要素

（一）教学目标

1. 领会文中所写黄河精神的内涵，激发热爱黄河、热爱中华民族的感情。
2. 感受课文独特的写景角度（人、事、景、物），把握所写景物（水）的特点，理解作者的所感所思。
3. 把握游记的基本要素（所见、所至、所感），为学写游记奠定良好的知识、方法基础。
4. 反复品读文章语言，学习作者遣词造句的方法，体会课文的风格特点。

（二）学习要素

1. 独特的写景角度及写景物的特点。
2. 写游记的"主体"，注意选择的景物应有所侧重。

二、文本解读

（一）课文整体解析

壶口瀑布位于黄河中游秦晋大峡谷，河床至此非常狭窄，形如"壶口"，河水急跌而下，汹涌奔腾，声震天地。《壶口瀑布》是一篇比较典型的游记，具备游记的典型特征。作者梁衡以游踪结构全文的框架，选取写景的独特角度，既写出了它的雄奇跌宕，又写出了它的多姿多态；既正面写水，又借石写水，并自然生发出感想与思考。作者梁衡描绘了壶口瀑布汹涌澎湃之景，营造了壮丽开阔之境。通过各种语言形式呈现出壶口瀑布的奔腾之势，表达作者的所思所想和对黄河的热爱之情，激发学生热爱大自然，热爱祖国大好河山和文化历史的美好情怀。本篇游记，以游踪作为全文的线索，遵循时间先后的顺序，按照立足点的变化组织文章内容，是游记最常见也最标准的模式。这样的写法结构简单清晰，便于展开见闻，也比较容易安排文章内容的详略。同时，立足点的选取也在很大程度上影响着所见之景、所抒之情。

（二）重点语段细读

1. 果然,车还在半山腰就听见涛声隐隐如雷,河谷里雾气弥漫,我们大着胆子下到滩里,那河就像一锅正沸着的水。壶口瀑布不是从高处落下,让人们仰观垂空的水幕,而是由平地向更低的沟里跌去。

　　雨季壶口瀑布的特点是不太像瀑布,而像"一锅沸水",水势浩大,涛声如雷,令人害怕。枯水季节的壶口瀑布真的是瀑布,景观丰富多样,有雄浑壮阔,有陡峭奇绝,有多姿多彩。

2. 我一直走到河心,原来河心还有一条河,是突然凹下去的一条深沟,当地人叫"龙槽",槽头入水处深不可测,这便是"壶口"。我倚在一块大石头上向上游看去,这龙槽顶着宽宽的河面,正好形成一个丁字。河水从五百米宽的河道上排排涌来,其势如千军万马,互相挤着、撞着,推推搡搡,前呼后拥,撞向石壁,排排黄浪霎时碎成堆堆白雪。山是青冷的灰,天是寂寂的蓝,宇宙间仿佛只有这水的存在。当河水正这般畅畅快快地驰骋着时,突然脚下出现一条四十多米宽的深沟,它们还来不及想一下,便一齐跌了进去,更闹、更挤、更急。沟底飞转着一个个漩涡,当地人说,曾有一头黑猪掉进去,再漂上来时,浑身的毛竟被拔得一根不剩。我听了不觉打了一个寒噤。

　　作者采用定点换景的写法,立足点是"河心",先写水,后写石,视角反复转换。作者先俯视"河中有河"的龙槽,写"壶口"得名的原因,景物特点是"奇";再仰观河面,看滚滚而来的黄河水,景物特点是"雄";然后视线随河水由上至下,"跌入"龙槽,碎为水雾,景物特点是"险"。以上三个观察角度所见的景物特点都属于阳刚、崇高一类。接下来平视龙槽两边,细写千姿百态的河水,以及水雾和彩虹,景物特点是多姿多彩。最后,视角转换到作者自己的立足点,描写长年被黄河冲刷侵蚀的河底巨石,巨石"静"的形态蕴含着河水"动"的力量,景物特点是震撼人心。文中描写的多个画面呈现出多种景物,有大有小,有远有近,有静有动;表现出多重意境,刚柔相济,层次分明,情景交融。这样就使得《壶口瀑布》展现出一种审美意义上的立体感。

3. 眼前这个小小的壶口,怎么一下子纳集了海、河、瀑、泉、雾所有水的形态,兼容了喜、怒、哀、怨、愁——人的各种情感。造物者难道要在这壶口中浓缩一个世界吗?

　　作者由自然联想到人本身,巧妙地把水的多样与人的多情联系起来,文章的意蕴也顿时变得丰富起来——水的种种形态,不正是人生百态的象征吗?作者进而又自设一问:"造物者难道是要在这壶口中浓缩一个世界吗?"毋庸作答,哲理意味油然而生。理性的思考主要是由脚下的巨石引出的对黄河个性的解读。作者在议论时使用拟人手法,用"只有宽厚绝无软弱""博大宽厚,柔中有刚;挟而不服,压而不弯;不平则呼,遇强则抗;死地必生,勇往直前"这样写人的语言来诠释黄河的个性,准确生动,易于理解。作者的思考有两个层次:第一,黄河的个性是柔中带刚的,蕴蓄着无尽的力量,所以才能穿凿巨石,改变地貌;第二,未经磨难不成材,黄河的个性也是在巨石的逼迫、抵拒中才最终铸就的,甚至可以说"未过壶口不成河"。这两层思考让文章富有理性色彩,有了深度和质感。

三、教学过程

第一课时

(一) 课时目标

抓住有感染力的关键句,品味文章富有表现力的语言特点。

(二) 导入

关于标题中带有"瀑布"这个词,大家会想到哪篇课文?我们曾在七年级课文《紫藤萝瀑布》中读到过"瀑布",这篇课文中的"瀑布"是形容花的茂密、繁盛,今天我们提到的"瀑布"才是真正的流水瀑布,谁能用有表现力的词形容"瀑布"?"气势磅礴""一泻千里"等等都能形容瀑布,在这里给大家看一张图片,这是一张九零版的五十元纸币,这张纸币上印的就是我们即将要学习的课文——《壶口瀑布》,中国壮美山河那么多,为何一个"瀑布"就能被印在全国人民使用的钱币上呢,今天我们就一起来感受一下"壶口瀑布"的魅力。

(三) 活动设计

▲ **活动设计一:小小"壶口"在比喻中显神奇**

先看课文的标题——《壶口瀑布》。

1. 大家来找茬。

既然壶嘴是小小的,瀑布又是那么气势磅礴,"小小的"和"气势磅礴"两个词语放在一起不矛盾吗？说说你看到标题后的理解。

2. 头脑风暴。

（1）壶口瀑布位于黄河中下游秦晋大峡谷，河床至此非常狭窄，形如"壶口"。——梁衡《壶口瀑布》

（2）黄河从秦晋峡谷来，宽400多米，到这里骤然收缩，仅仅有四五十米，断崖落差40米，河槽真像一把巨壶，将每秒9 000立方米的流量收入。——尧山壁《壶口瀑布》

思考：以上两个比喻句，感知一下这是什么样的地形，这是一个怎样的神奇的"壶口"。这个壶口是什么样的，瀑布又是什么样的，能否分别用词语或句子形容一下。

找找文中还有其他能形容"壶口瀑布"特色的比喻句，说一个你最欣赏的一个比喻句，感受一下"壶口瀑布"的神奇魅力。可以用以下句式：

我欣赏_____，它的本体是_____，喻体是_____，写出了_____的特点，表现了_____。

▲ **活动设计二：大大"瀑布"在对比中显风采**

1. 作者曾两次到壶口瀑布，请同学们围绕游记的所见、所至、所感，结合文章内容，来说说第一次和第二次见到的壶口瀑布的特点。可以用这样的句式说：

第一次看瀑布看到了_____，第二次看瀑布看到了_____。

2. 壶口瀑布的特点是：水势猛烈，雨季很吓人，枯水期看得更清。形态各异，刚柔相济，很壮观，很唯美，也很有个性，请同学们分别找找第一次去和第二次去壶口瀑布有什么不一样的特点，你能发现什么？为什么会有这样的详略安排？

第一次，雨季——危险，把人冲走 ⎧ 水声_____
⎪ 水气_____
⎨ 水态_____
⎪ 水势_____
⎪ 水流_____
⎩ 水速_____

第二次，枯水季——不危险，沟底观察 { 水床＿＿＿＿＿
水势＿＿＿＿＿
水变＿＿＿＿＿
水容＿＿＿＿＿
水理＿＿＿＿＿ }

▲ 活动设计三："壶口瀑布"在诗词中显威力

结合3至6小节，根据写景内容及所给提示词，创作诗词歌赋，诗歌形式可创新。第一句要求填写四字词语。（可分小组完成任务，每个小组创作1—2个小节，课上分组交流。）

例：第2小节

好一条<u>气势磅礴</u>的壶口瀑布！

你看那如雷的涛声

震耳欲聋！

你看那缭绕的雾气

飞沫横溢！

你看那沟岸乱石

彰显霸气！

第3小节

提示词：排排涌来　千军万马　推推搡搡　前呼后拥　撞向石壁　白雪漩涡　一川大水　碎成雾

好一条＿＿＿＿＿的壶口瀑布！

＿＿＿＿＿＿＿＿＿＿＿＿＿

＿＿＿＿＿＿＿＿＿＿＿＿＿

＿＿＿＿＿＿＿＿＿＿＿＿＿

（四）课堂小结

如此有表现力的文章，首先要把学生带入情境，不同时期的壶口瀑布充满了不同的魅力，作者笔下的语句如此精妙，如此富有表现力，值得品析。作者于写景中融真情，是最好的学写游记的范本。

(五) 布置作业

1. 我为壶口瀑布打广告：为壶口瀑布写一句广告词，展现出壶口瀑布的特色及魅力，吸引游者前来参观感受。

2. 我为壶口瀑布做名片：制作一张宣传名片，可图可文，可二者兼有。树壶口瀑布形象，展壶口瀑布风采。

第二课时

(一) 课时目标

品析美词美句，美言美语，明确作者写作意图。

(二) 导入

上节课重点品析了《壶口瀑布》中的景物描写，从语言上感知作者运笔的精妙，但这篇文章的精彩不只是语言的魅力，更在于作者匠心独运的游记写法——独特的观察角度，独特的景物特征，以及独特的见解感受。今天，我们一起来领略文章的另一个魅力——写法及写作意图。

(三) 活动设计

▲ 活动设计一："壶口瀑布"在写法中显角度

上节课，同学们初步感受到了两次看壶口瀑布的区别。现在请同学们进一步思考一下，两次观瀑布，都是用哪些角度呈现的，又用了怎样不同的笔法呢？试着填一填。

第一次移步换景；第二次_____。

第一次_____；第二次细笔描摹。

第一次心慌慌，看两眼就走；第二次_____。

第一次多俯视角度，第二次_____。

可见，作者梁衡很善于抓住不同的角度，运用不同的写法来写游记，高超至极。

▲ 活动设计二："壶口瀑布"在用词中显精彩

"我依在一块大石头上向上游看去，这龙槽顶着宽宽的河面，正好形成一个丁字。"

1. 插图中的"丁"字形。在文章中有一幅插图,请同学们仔细观察摄影师的拍摄角度,思考一下该怎样拍才能拍摄出龙槽与河面形成的"丁"字形呢?

必须是远镜头,而且是大景和全景,试想多大的镜头能将偌大的滔天巨浪般的瀑布浓缩成为一个"丁"字!多么宏大的视角。

2. 文章中的"丁"字形。文章中有这样一句:"河水从五百米宽的河道上排排涌来,其势如千军万马,互相挤着、撞着。推推搡搡,前呼后拥,撞向石壁……便一齐跌了进去,更闹,更挤,更急。"思考一下,这两句话中怎样形成了"丁"字,能感受到什么?

河面宽阔是"——",龙槽狭窄是"丨",你看那河水从五百米河道上排排涌来,像千军万马呼啸而来,那磅礴的气势呼之欲出,然而,突然猝不及防一齐跌宕下去,只有这"丁"字简单两笔,却勾勒描摹出了壶口瀑布瞬间开炸的动态,美哉,妙哉!

▲ 活动设计三:"壶口瀑布"在情感中显精神

感受了《壶口瀑布》的磅礴壮观之后,要想一想,作者梁衡仅仅就是要展现一种风景的魅力吗?

1. 透视眼:作者在文字背后到底想表达什么?为何在人民大会堂里会有巨幅的壶口瀑布图?为何九零版五十元人民币上会印有壶口瀑布?请在文章中找一找议论性的句子,读一读,说说黄河具备了哪些品性?

(1)我突然陷入沉思,眼前这个小小的壶口,怎么一下子集纳了海、河、瀑、泉、雾所有水的形态,兼容了喜、怒、哀、怨、愁——人的各种情感。造物者难道是要在这壶口中浓缩一个世界吗?

(2)人常以柔情比水,但至柔之和的水一旦被压迫竟会这样怒不可遏。原来这柔和之中只有宽厚绝无软弱,当她忍耐到一定程度时就会以力相较,奋力抗争。

(3) 黄河博大宽厚,柔中有刚;挟而不服,压而不弯;不平则呼,遇强则抗,死地必生,勇往直前。正像一个人,经了许多磨难便有了自己的个性;黄河被两岸的山,地下的石逼得忽上忽下、忽左忽右时,也就铸成了自己的伟大性格。这伟大只在冲过壶口的一刹那才闪现出来被我们看见。

填写:壶口瀑布的精神,就是_____的精神。

2. 深度谈:"遥远的东方有一条河,它的名字就叫黄河",当歌声在耳畔想起,当文字在我们眼前呈现,我们作为新时代的少年该怎样做,才能无愧于黄河精神,无愧于炎黄子孙?

我认为_____
_____。

(四) 课堂小结

本文是一篇比较典型的游记,本节课重点选取写景的角度,感受作者自然而然发出的感想与思考,加强对文中作者的构思和写法的理解,学写游记。

(五) 布置作业

1. 文字放大镜:课堂上重点解读品析了"丁"字,文中还有很多美字、美词、美句,形式多样,错落有致,请同学们拿起放大镜,找出喜欢的字、词、句、段落等进行批注欣赏,并进行交流。

2. 写作微挑战:结合"黄山黄河""长江长城""泰岱昆仑"这样的主题,写一篇以象征中华民族文化的景物为描写对象的小游记。要求用到所至、所见、所感的写法呈现。(200—300字)

18　在长江源头各拉丹冬

马丽华

一、教学目标与学习要素

（一）教学目标

1. 欣赏文中景物描写，感受各拉丹冬和雪域高原雄伟瑰奇的特点。
2. 分析本文在景物描写中贯穿身心感受的写法，体会作者对苦难的感受，对自然的敬畏之情。
3. 运用比较策略品味语言，体会文章质朴洗练，但又意蕴丰厚的语言特点。

（二）学习要素

1. 独特的写景角度及写景物的特点。
2. 如何写游记的"主体"？注意选择的景物有所侧重。

二、文本解读

（一）课文整体解析

《在长江源头各拉丹冬》记述了作者跟随摄制组在各拉丹冬游览的经历，描写了雪域高原的壮美景色，展现了大自然的伟大和神奇，表达了作者观瞻如此壮景由衷涌出的豪情。作者钟情于藏北，是因为"藏北高原较为完好地保有了自然界和人文界的原风景"，其自然风景与人们的精神世界至今仍融为一体。作者按照时空顺序构思文章，循行程写了两天的活动，以第一天的见闻为主。写景的角度随立足点的变化而转变，从远眺近观写到身处其间，描写的重点也从雪山转向冰塔林。随着行踪和景物的变化，作者的感悟与思考也发生着变化。作者在写景中还融入了自己的思绪，使得文章在写实的同时又带有一种超越眼前所见景物的诗意。

（二）重点语段细读

1. **远方白色金字塔的各拉丹冬统领着冰雪劲旅，天地间浩浩苍苍。**

"白色金字塔"，暗示雪山犹如帝王一般，"统领"一词又赋予雪山以帝王的行为，表现了各拉丹冬雪山的高大威严，令人敬畏。

2. 挺拔的，敦实的，奇形怪状的，蜿蜒而立的。那些冰塔、冰柱、冰洞、冰廊、冰壁上徐徐垂挂冰的流苏，像长发披肩。小小的我便蜷卧在这巨人之发下。太阳偶一露面，这冰世界便熠熠烁烁，光彩夺目。

这里表现出冰体形状之多，令人目不暇接，共同营造出一种雄伟、圣洁、瑰奇的氛围，突出了各拉丹冬地区的原始风景给人带来的精神震撼和心灵触动。

3. 端详着冰山上纵横的裂纹，环绕冰山的波状皱褶，想象着在漫长的时光里，冰川的前进和后退，冰山的高低消长，这波纹是否就是年轮。

作者并没有详细描写冰山裂纹和皱褶的形状，而是由此想象冰川、冰山的形成变化，把冰山的皱褶想象成年轮。这样的写法能让读者联想到眼前景物"背后的故事"——大自然漫长、反复的变化，并由此认识到：这冰山、冰川其实是大自然历史的一部分。

4. 置身于冰窟，远比想象的要温暖，穿着件腈纶棉衣，外罩一件皮夹克，居然感觉不到冷。风声一刻不停地呼啸，辨不清它何来何往，仿佛自地球形成以来它就在这里川流不息，把冰河上的雪粒纷纷扬扬地扫荡着，又纷纷扬扬地洒落在河滩上、冰缝里。渐渐地冰河已光滑难行。从北京来的摄影师大吴，负责拍一本有关于藏北的大型画册，具有国际先进水平的照相器材就装在一个很考究的箱子里，唯恐摔坏了，便推着箱子在冰面上爬行。

表现的是一种带有幻觉色彩的异样感受，使得本来严酷的环境带上了一丝温情。冰窟中的风本应是寒冷刺骨的，可作者却"感觉不到冷"，感喟于自然的永恒。这种细腻的感受富有女性特点，而超越眼前景物的思绪又颇有个人色彩。

5. 阳光使这位身披白色披风的巨人变化多端：融雪处裸露出大山黧黑的骨骼，有如刀削一般，棱角与层次毕现，富有雕塑感。

运用了比喻的修辞手法，将白雪覆盖下的各拉丹冬雪山比作身披白色披风的巨人，雪山拥有了生命，拥有了力量，"变化多端"表现出雪山自然环境的恶劣和严酷。

6. 他用奇怪的"鱼眼"为我拍了一张反转片，我的一部分精神和生命便永存在这变了形的仙境中了。

此句用"仙境"形容这冰的世界，作者的喜爱和赞美之情溢于言表。

7. 那些冰塔、冰柱、冰洞、冰廊、冰壁上徐徐垂挂冰的流苏,像长发披肩。

运用了比喻的修辞手法,将"徐徐垂挂冰的流苏"比作"长发披肩",生动形象地写出了冰流苏的美丽,用词精简而准确,流露出作者的喜爱之情。

三、教学过程

第一课时

(一)课时目标

抓住有感染力的关键句,品味文章富有表现力的语言特点。

(二)导入

关于长江你知道什么?长江发源于"世界屋脊"——青藏高原的唐古拉山脉一个叫各拉丹冬峰西侧的地方,那里充满了神秘和未知,充满了人类的向往和挑战。今天我们就来学习这篇《在长江源头各拉丹冬》,一起走进那神秘的未知。

(三)活动设计

▲ **活动设计一:数据大解析,感知宏伟**

请大家看一段文字,注意一组数据:

各拉丹冬位于青海杂多县唐古拉山乡境内,南北<u>长 50 千米</u>,东西<u>宽 30 千米</u>,除主峰各拉丹冬峰以外,周围海拔 <u>6 000 米以上</u>的山峰还有 <u>40 余座</u>,冰川覆盖<u>面积 790.4 平方千米</u>,冰川 <u>130 条</u>。

1. 通过这些数据,你能用书上的哪些词语感知各拉丹冬这片领域?

2. 这些让人感觉"宏大"的词语,还有哪些词语能感受到各拉丹冬因为大而"压抑"的不适感?

3. 读一读这些语句,有赞美、有压抑交织在一起,不矛盾吗?

▲ **活动设计二:你我大比拼,感受线索**

此文在人称上很有意思,一会儿是"我",一会儿又是"你","我""你"相互交织、交错,很值得推敲。请先用不同颜色的笔区分"我"和"你"的不同人称,填写以下空格,理清"我""你"人称变化的线索。

1. 以"我"为线。

我敬畏你——我身体倒霉——我身体更可怜——我征服了你

2. 以"你"为线。

你_____——你奇美——你_____——你这里本不长生物

3. 文中一直有"我""你"不同的人称变化,不同的表现及情思,这样交织交错,有什么好处呢?

▲ 活动设计三:文字大挖掘,感悟内涵

著名诗人汪国真曾说:"人生是跋涉,也是旅行;是等待,也是重逢;是探险,也是寻宝;是眼泪,也是歌声。"《在长江源头各拉丹冬》的作者感受了"奇美",经历了"艰险",领悟了"精神",请同学们分别找出三者有代表性的语句,画、读、品、悟,感受作者语言的表现力和精神内涵。

1. 感受"奇美":作者马丽华写长江源头各拉丹冬(所见之景)用了一个词"奇美",找一找,读一读,"奇美"的语句,感受各拉丹冬的美,说说因何"奇美"。

(1) 远方白色金字塔的各拉丹冬统领着冰雪劲旅,天地间浩浩苍苍。这一派奇美令人眩晕,造物主在这里尽情地卖弄着它的无所不能的创造力。

"统领"一词体现了各拉丹冬的气势,犹如自然界的主宰,眼前晶莹连绵的冰峰、平坦辽阔的冰河、巨大的冰谷,这雄奇的景色令"我"感到沉醉,令"我"敬畏。"卖弄"一词在这里是贬义褒用,淋漓尽致地表现了自然的神奇和力量,表达了景物带给自己的强烈震撼以及对自然神奇伟力的赞美与崇敬。

(2) 是琼瑶仙境,静穆的晶莹和洁白。永恒的阳光和风的刻刀,千万年来漫不经心地割着,雕凿着,缓慢而从不懈怠。冰体一点一点地改变了形态,变成自然力所能刻画成的最漂亮的这番模样:挺拔的,敦实的,奇形怪状的,蜿蜒而立的。

把太阳和风形容成高明的雕刻家,那么耐心,那么执着又那么随意,宛如雕刻着时间的永恒,千万年来从未停歇,雕刻出了如此神圣的境界。

2. 感受"艰险":找一找作者多次写到自己在高原上的疼痛、恶心,甚至觉得"要死了",感受一下各拉丹冬除了奇美之外的艰险。找找艰险的表现读一读,交流因何"艰险"。

(1) 手背生起冻疮,肩背脖颈疼痛得不敢活动,连夜高烧,不思饮食……活动时只能以极轻极慢的动作进行,犹如霹雳舞的"太空步"。

通过自己经受的具体感知的"痛苦",写各拉丹冬环境的恶劣。

(2) 正是在后退的当儿,脚下一滑,分外利落地一屁股坐在冰河上,裂骨之痛随之袭来。这一跤,使我在后来的旅行中备受折磨。回那曲拍了片才知道,娇贵

而无用的尾椎骨已经折断,连带第八节腰椎也错了位。

各拉丹冬让"我"经历了各种磨难,侧面表现了长江源头各拉丹冬自然环境的险恶,同时,也反映"我"面对极限自然环境的坚韧不拔的毅力,表达了作者对人类能挑战大自然、战胜大自然的探索精神的赞美。

3. 感受"精神":找一找能反映作者主观感受的语句,领悟各拉丹冬的精神。说说读后领略到什么精神?

(1) 风一刻不停地呼啸,辨不清它何来何往,仿佛自地球形成以来它就在这里川流不息,把冰河上的雪粒纷纷扬扬地扫荡着,又纷纷扬扬地洒落在河滩上、冰缝里。

运用了虚实结合的写作手法,将主观的感受和客观描写相结合。"我"感受着冰窟中寒冷刺骨的风,"我"把思绪放到洪荒之始,感受大自然的丰功伟绩。"我"的感受与想象,让景物充满了生命的深度和厚度,有了神韵感,有了厚重感。

(2) 此刻除了风声,还有一种声音轻易便可辨别出来。那是尖冰之下的流水之声,它一刻不停,从这千山之巅、万水之源的藏北高原流出,开始演绎长江的故事。

《长江之歌》中有这样的歌词:你从雪山走来,春潮是你的风采,你向东海奔去,惊涛是你的气概……这就是长江,生命的起源就在各拉丹冬,那惊涛骇浪、那惊天气势正是《长江之歌》的序曲,壮美的故事就从这里开始演绎。

(四) 课堂小结

本节课初读课文,整体感知文章的思路和线索,通过品读重点语句欣赏了作者马丽华笔下的各种景物,感受到了在长江源头各拉丹冬这个地方雄伟、圣洁、瑰奇的特点,同时,梳理出课文写景的顺序和角度,引导和领会游记中的"所至"、"所见"中的特点,随着作者的行踪感受着景物的变化,初步感受作者感悟的变化,这就是写游记的初步路径。

(五) 布置作业

1. 课堂延伸:从文中分别找出"奇美""艰险""精神"三处富有表现力的句子,并进行批注,课下进行交流。

2. 词语鉴赏:比较以下词语,说说它们的表达效果。

(1) 这一派奇美令人眩晕,造物主在这里尽情地卖弄着它的无所不能的创造力。这里的"眩晕"和"卖弄"是什么意思,传达了作者怎样的感受?

（2）端详着冰山上纵横的裂纹，环绕冰山的波状皱褶，想象着在漫长的时光里，冰川的前进和后退，冰山的高低消长，这波纹是否就是年轮。

作者是怎样描写裂纹和皱褶的，说说表达效果。

第二课时

（一）课时目标

通过比较阅读，再次品读"心中的风景"，开拓游记写作的思路。

（二）导入

如果你是摄影师，你会怎样制作一期关于长江源头各拉丹冬的拍摄？如果你是作家，又怎样来写各拉丹冬呢？二者的角度有什么不同呢？摄影师主要会从画面入手，侧重"眼中的风景"，而文字要从思想入手，所以游记更侧重"心中的风景"。上节课，同学们掌握了游记的三要素——所至、所见、所感，今天要重点品读本课游记的精髓——思想。

（三）活动设计

▲ **活动设计一：各拉丹冬，值得走一遭？**

文章中有一句话："各拉丹冬值得你历尽艰辛去走上一遭。"这是作者一行人在长江源头探索过程中的由衷感受。请按要求制作一份带图解的"长江源头——各拉丹冬"旅游攻略，表现出各拉丹冬的奇美与至美，让人觉得各拉丹冬，哪怕历尽千辛万苦，也值得走一遭。

具体要求：

1. 活动总名称：制作"长江源头——各拉丹冬"旅游攻略，把最美的、最有个性的各拉丹冬介绍给你的朋友。（A4纸大小，300—500字，可着色）

2. 包括以下要素：

（1）所至——有文字描述、线路匹配图解。

（2）所见——有景物描写、多重感官感知。

（3）所感——纷繁的感受、最重要的体验。

▲ **活动设计二：如果是你，该怎样选择？**

蓝天白云，雪山草地，冰川大河，是西藏特有的自然景观。《在长江源头各拉丹冬》的作者马丽华在西藏工作近三十年，足迹踏遍大半个西藏，写了许多介绍西藏的文章。1987年3月上旬，作者跟随摄制组走进各拉丹冬，领略到无比壮美的雪山和无比奇异的冰塔林之景，写下了这篇游记。文章中第一段就写了这样一句话："短短几年里，先后有十多位探险者壮烈献身于这项人类事业。"作者也在文中多次写到自己的身体状况，又呈现了大量痛苦的身心感受，这仅仅是为了表现各拉丹冬的环境恶劣和地势凶险吗？

1. 找一找表现作者历尽艰辛的语句，反复读一读，说说作者为何非要到各拉丹冬"自讨苦吃"？

2. 品一品文章的结尾"不见自然生无痕迹，但今天的确有人活在各拉丹冬的近旁"这句话，说说这是一种怎样的态度？

3. 想一想如果是你，你怎样选择？还有哪些语句能强化这种精神？

▲ **活动设计三：精彩世界，要去看看吗？**

早在《尚书》中，人们就曾讨论过长江之源。明朝著名的地理学家徐霞客认为金沙江是长江之源，并著《江源考》一书论述。到了清朝，人们已认识到通天河，但依然无法确定长江正源。我国曾在1956年和1977年，两次考察长江源头地区，在1977年的考察中，终于确定发源于各拉丹冬的沱沱河是万里长江的正源。

1. 引擎大搜索寻长江源头：查找资料，探索长江源头在哪里。

2. 世界那么大看壮美山河：如果录制一个以"长江源头各拉丹冬"为主题的纪录片，你打算怎样写画面解说词？尝试课堂小练笔，展示出各拉丹冬的震撼与壮美，课下交流。

（四）课堂小结

通过本课学习，我们更加清楚游记的三要素——所至（文章的骨骼）、所见（文章的血肉）、所感（文章的灵魂），在掌握游记写法的同时，感受作者是怎样把人的探索精神一点一点展现出来的。

（五）布置作业（二选一）

1. 为各拉丹冬写一副对联，凸显长江的精神内涵。（注意押韵）

2. 用所学游记三要素写一篇回忆纪念性游记——采用自己的方式纪念各拉丹冬之旅。（300—500字）

19 登勃朗峰

马克·吐温

一、教学目标与学习要素

（一）教学目标

1. 运用已有游记阅读经验自主阅读，把握文章中描绘的景物、人物的特征，领会作者乐观积极的生活态度。
2. 对比单元学习内容，把握本文与众不同的"奇景""奇人""奇事""奇文"的写法。
3. 运用圈点批注的方式，品味本文幽默风趣的语言。

（二）学习要素

了解文中景物及人物的特点，领会作者的生活态度，感受"马克·吐温式的幽默"。

二、教学建议

《登勃朗峰》是本单元中的一篇自读课文，以自主阅读为主。勃朗峰，法语意为"银白色山峰"，欧洲阿尔卑斯山的主峰，山势陡峻，为欧洲名胜之一。《登勃朗峰》这篇文章主要写了登勃朗峰的经过，并借助典型的描写，赞美了勃朗峰美丽的景色，表达了作者对大自然的无限热爱之情，字里行间透露出作者乐观、积极、率真的生活态度。此文注重汇景抒情，写景语言华美，形象传神；写人妙趣横生，引人入胜。文章虽名为《登勃朗峰》，然而作者没有着力描写登山的过程，而是注重勃朗峰美景的描写，更重要的是通过当地的车夫和导游，向读者传达出一种乐观向上、积极自信的生活态度。

《登勃朗峰》这篇文章也正是马克·吐温所一贯坚持的写作风格，用幽默的语言和简明的句法表达现实中的普通人对社会现实和生活的深切关注。

三、教学过程

（一）导入

欧洲最大的山脉是什么山脉？是阿尔卑斯山脉，长 1 200 千米，宽 130—260

千米,平均海拔约3 000米,总面积大约为22万平方公里。其中有82座山峰超过4 000米的海拔,而其中最高峰就是勃朗峰,海拔达到4 810米。今天,就让我们跟着著名作家马克·吐温一起攀登欧洲最高峰——勃朗峰,再次领略游记的所至、所见、所感的写法。

(二) 活动设计

▲ 活动设计一:我与文豪"扳手腕"

1. 挑战预暖场:通过课下预习,推荐大家读了《竞选州长》《百万英镑》等几篇具有代表性的小说,马克·吐温的文风一向以辛辣讽刺著称,你认为这位大文豪会以怎样的风格呈现《登勃朗峰》这篇文章呢?

2. 挑战初体验:查查勃朗峰的资料,假设你也登上了勃朗峰,这个标题如果让你写,你会写些什么内容,打算怎么写,可以好好构思一下,让我们挑战一下大文豪吧!课堂上一起交流。

▲ 活动设计二:我同文豪"共奇遇"

1. 找"奇迹"——我为"旅程"做一个攻略。这篇文章中"所至"是关键,正是大文豪所经历的、所走过的痕迹,只要找出能表现方位的词语,便能观察出顺序特点。请同学们圈画出表现方位的词语,观察勃朗峰的攀登路线,通过简笔画的方式,画出登山路线图,理清"所至"路线,做一个攻略图。

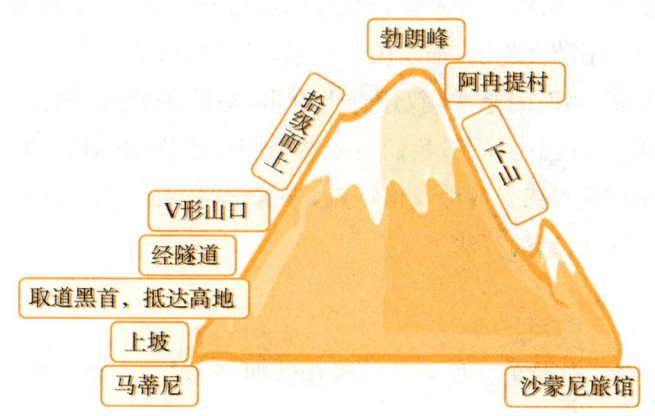

例:"马蒂尼""黑首""V字形的山口中间""阿冉提村""沙蒙尼旅馆"等这类地名和方位名词。

2. 观"奇景"——我为"奇景"概括一个字。和大文豪每到一处,均有"奇景",

看看"奇景"奇在哪里,你能用一个字概括吗,说说为什么用这个字,读一读文章中怎么描写的?尝试美读法朗读。

3. 品"奇人"——我为"车夫"添加一个标点。说到"奇人",车夫最为典型。在下山这段旅程中,大文豪遇到了一个车夫,这个车夫可是个"奇人",我们经历了一段惊险刺激而又奇特的体验,看看大文豪是怎样写这个"奇人"的,读一读。如果让你为"车夫"这个词后面加个标点,你觉得什么标点最合适,为什么?

4. 赏"奇文"——我为"奇文"进行一次对比。本文与其他游记的文风不同,马克·吐温采用的是"诙谐幽默"的语言,找找看,读一读,"奇"在何处,有何与众不同?试着与前面几篇游记比较一下,谈一谈自己的看法。

▲ 活动设计三:我为文豪"解情思"

1. 寻一寻乐趣:写游记,最重要的是情。正所谓,一切景语皆情语,请同学们再次搜寻一下文章中的"乐",圈点批注,自主交流,思考并谈谈这些"乐"的文字背后作者有何用意。

2. 捋一捋情思:文章前半部分写景,后半部分写人,怎样品读大文豪马克·吐温的"诙谐幽默"的语言呢?请同学们在大文豪写景的基础上捋一捋作者每到一处的"心情"。看看有什么发现?这是一种怎样的生活态度呢?

(三)课堂小结

欧美游记大家平时涉猎并不多,通过这篇游记作者记述了与友人游览勃朗峰的经历。写上山,用散文笔法,描绘山中奇景,嶙峋的怪石,变幻的光影,引出无限的感慨;写下山,以小说的笔法,叙述奇人奇事,惊险的旅途,怪异的车夫,富有传奇色彩。读马克·吐温的作品,我们还能感受到他别样的幽默。建议同学们可以涉猎更多的外国游记,感受各种风格特点,丰富学写游记的方法,更加深入地感受游记的所至、所见、所感的写法。

(四)布置作业

1. 我来命名:根据文意及文风,为《登勃朗峰》起一个合适的副标题,并说说理由。

2. 我是解说员:品读文章,任选一处景物或路线轨迹中的一点,根据内容进行合理想象,为具体的某个景点写一段解说词(200字左右),要求人、景、事、情兼有。

20 一滴水经过丽江

阿 来

一、教学目标与学习要素

(一) 教学目标

1. 了解游记中展现的丽江城独特的自然风光、历史沿革和人文景观,领会丽江古城的巨变。

2. 把握这篇游记新颖的构思、独特的视角,理解这种写法的妙处,体会作者的感情。

3. 感受"一滴水"的奇幻生命旅程,品味作者富于审美情趣及表现力的散文语言。

(二) 学习要素

把握作者将重点笔墨放在人文内涵上的写法,感受作者通过一滴水展现丽江文化的厚度和深度。

二、教学建议

《一滴水经过丽江》是一篇富有特色的游记文章。以一滴水的经历为线索,来移步换景,以第一人称的口吻描述了从玉龙雪山的重生到山下玉河瀑布的奔流,再到落水洞、黑龙潭的沉睡初醒,后来流经丽江四方街几个重点场景的所见所闻,通过水的视角来描述从玉龙雪山到丽江四方街沿岸的风土人情乃至历史由来,展现了一幅立体丽江图,表达作者对丽江古城的喜爱、赞美之情。根据单元背景,可以继续从游记的角度切入,注重以游踪串联景物的特点,再领会其中蕴含的情思。此文作者以一滴水的独特视角,巧妙切入,可以通过搭建语用场景,助力学生的学习,将知识过渡到领会所至、所见、所感的游记写法及文字审美中。

三、教学过程

(一) 导入

同学们知道云南的丽江吗?如果去云南,一定要去丽江。有人说那里是一个接近天堂的地方,让人沉醉,如诗如梦,今天,我们就跟着一位特殊导游"一滴水"去感受丽江神奇美妙的旅程。

(二) 活动设计

▲ 活动设计一:"丽江古城诞水滴"——前世今生从何来

1997年,丽江古城申报世界文化遗产,成功融入世界的丽江惊艳了所有人。这滴水有了眼睛,有了耳朵,更有了心灵,她带着我们把心中的丽江与眼前的丽江合二为一,让我们通过一滴水感知丽江古城的前世今生。

1. 课文标题和其他课文标题不一样,比较特别,能说说通过预习得知这样的标题特别在何处?

2. 作者以"一滴水"的名义,使用第一人称来描述丽江的景象,这样写有什么好处?

作者以"一滴水"的名义,运用第一人称的叙述口吻,通过一滴水的视角自述自己在丽江古城的所见所闻,跨越时空,让一滴水来替自己思考、说话。通过拟人化的描述,向读者展现丽江古城的自然景物和人文风情。这样写,便于作者在描绘丽江古城美景的同时,巧妙地融入自己的情感,更能使读者有代入感。

▲ 活动设计二:"丽江水滴奇幻游"——沿途路线经何处

文中最后一句:"我知道,作为一滴水,我终于以水的方式走过了丽江。"假如你是这一滴水,你能说说自己流经的路线吗?请同学们在文章中圈画出来,看看丽江如何顺水而入,逆水而出经过一方古镇的?

我是"一滴水",从玉龙雪山出发,扑向山下:玉龙雪山——瀑布——驿道、纳西族村庄——丽江坝的草甸——落水洞——黑龙潭——水车——玉河——小桥——四方街——街道店面——纳西人的院子——金沙江——大海。

▲ 活动设计三:"丽江美景排行榜"——最美景点在何方

历史文化名城丽江之所以充满魅力,是因为丽江的美。丽江的美,美在自然风光,也美在古城独特的建筑,更美在淳朴的风土人情。请从各个角度分别找一找丽江之美,假如你就是这滴水,请说说自己最喜欢的美景,圈画并交流。

1. 景色美。

高处远景:玉龙雪山,晶莹夺目矗立在蓝天下面。山下:山下绿色的盆地——丽江坝;森林、田野和村庄;高大挺拔的树,名叫松与杉,还有更多的树开满鲜花,叫作杜鹃,叫作山茶;我奔流到丽江坝放牧牛羊的草甸上;潭水映照雪山。城外远景:来到了城外的果园和田地里,一些露珠从树叶上落下;喧腾奔流的金沙江。

2. 建筑美。

(1) 四方街、木府——"那时是明代,纳西族的首领木氏家族率领百姓筑起了名扬世界的四方街。四方街筑成后,一个名叫徐霞客的远游人来了,把玉龙雪山写进了书里,把丽江古城写进书里,让它们的名字四处流传。"

(2) 街道:"五花石的街道""市集散去的黄昏开闸放水""洗净了街道""顺水而去的蜿蜒老街"。

(3) 房屋:"依山而起的重重房屋"。

(4) 水车:"一架大水车来把我们扬到高处,游览古城的人要把这水车和清凉的水作一个美丽的背景摄影留念。"

(5) 小桥:"一道又一道小桥"。

(6) 建筑特点:"依止于自然,美丽了自然",建筑已与自然融为一体,富有地域特色,成为丽江的城市名片。

3. 民俗美。

丽江不只有美丽的自然风光,富有地域特色的建筑,丽江的民俗民风更美。请你找出描写丽江人及游客的活动场景,说说这些场景表现了他们怎样的精神风貌。

(1) 在山下:马帮在驿道来往。"几座小山前,人们正在建筑一座城。村庄里的木匠与石匠,正往那里出发。"牧羊人在草甸上放牧牛羊。精神风貌:热爱生活,勤劳。

(2) 在街道:银匠"叮叮当当"敲打着银器;玉器店老板挂出了翡翠;字画店老板卖东巴象形文字的字画;白须垂胸的老者们,在演奏古代的音乐。精神风貌:热闹,快乐,勤奋。

(3) 在院子里:浇花人给兰花浇水;楼下正屋,主人一家在闲话;楼上回廊,寄居的游客拍照,楼上的客人和楼下的主人大声交谈。精神风貌:和谐,融洽。

(4) 晚上,游客聚集的茶楼酒吧中,传来人们的欢笑与歌唱。精神风貌:热闹,愉悦。

▲ **活动设计四:"丽江之水新视角"——跨越时空知何意**

1. 作者从"一滴水"游览丽江的视角来展开描写有什么好处?

丽江水多，水美，选取"一滴水"游览丽江，富有地方特色；可以多角度展开描写；如童话般奇幻，充满童趣。作者用诗一般的语言，描绘了风景如画的丽江和丽江富有地域特色的建筑，用美妙的语言描绘了丽江的民俗民风，从不同角度，全方位展现了丽江的美丽和谐，给人以无限的美感。

2. 看来这滴水既能贯通古今，也能由高而下，确实比人的视角、人的游踪要全面得多、自由得多、灵活得多。既然"一滴水"可以经过丽江，作者为什么不选择一片云、一缕风或一只鸟呢？

水滋养了森林、田野和村庄，滋养了丽江坝放牧牛羊的草甸，也滋养了丽江人的生活。水多水美是丽江的地方特色，也是人与自然和谐相处的象征。水的特点是晶莹纯净，只有当我们的心"像一滴水一样晶莹"时，才能感受到诗意和美好。水更灵动，富于变化，也富于生命力。文中的"我"从"一片雪"变成"冰川的一部分"，再到"被阳光融化成了一滴水"，最后"跃入江流，奔向大海"。这一旅程就是生命实现的过程，平静的更迭中蕴藏着变化力量，如同人的生命旅程。"一滴水"的旅程，更富有奇幻色彩，更有童趣和想象力。由此看来，"一滴水"的旅程，不是单纯的行踪记录，而是一趟美的历程，更是生命变化发展的历程。课文结尾，作者说"我终于以水的方式走过了丽江"，或许是在告诉我们，他所记录的，不仅是对这块土地的理解，更是对生活、对生命的理解。

（三）课堂小结

本文以第一人称的方式叙述一滴水经过丽江的旅行，多角度地展现了丽江的自然景物和人文风情，文笔细腻，生动传神。作者通过这滴水的奇妙旅程，让我们也不禁想象自己化成这滴水，和它一起"走街串巷"，一起研读丽江之美，一起感悟作者深沉的情感。美丽的民族风情深深地吸引着我们，征服着我们，像作者这样的游记写法更值得我们去品味和学习。

（四）布置作业

1. 旅游景观分为自然景观和人文景观，再认真读文章，根据四方街的景物进行分类。请把以下景物分类填进表格。根据四方街的自然景观或人文景观，尝试写一篇《四方街旅游攻略》，写全游记三要素，课下进行交流。

景物：银器店、玉河、院子、大水车、茶楼酒吧、玉器店、灯光、小桥、字画店等等。

自然景观(景物)	人文景观(知识和文化)

2. 结合上表和文意,根据这滴水所见的丽江风貌,请为丽江古城设计一段宣传语。

写作　学写游记

一、教学目标与学习要素

（一）教学目标

1. 根据游踪和自身体验，合理安排游记写作的顺序，使文章有层次、有条理。
2. 能够多角度观察生活，抓住景物或者游览场所的特点来写，突出重点，详略得当。
3. 在记叙、描写的基础上，适当运用议论、抒情等手法表达自己的思想情感。

（二）学习要素

引导学生理清学习游记的思路和方法，进行有效实战训练。

二、教学建议

写好游记，并不容易。按照游览的路线来写，容易泛泛而叙，抓不住重点，写成流水账。有时尽管突出了主要景点或场所的描写，但缺少作者的独特感悟和个性情感，常常读起来千人一面，没有趣味，也没有鲜活的思想。因此，新颖别致的视角，细腻真切的描写，抒发性灵的思想情感，这些才是写好游记的关键要素。要注意培养学生入眼、入脑、入耳、入心的各种能力，再掌握所见、所至、所感的写法，增强各类生活体验，从而提升学生的观察能力、语言表达能力和审美能力。

三、教学过程

（一）导入

同学们，生活中大家一定常出去旅游，是不是看看风景，吹吹风就结束了呢？其实，写游记的确是一门大学问，只有带着一双慧眼和慧心，才能捕捉自然和时光的美，今天就让我们一起带着智慧的眼睛和心灵一起去探寻一篇精心准备的游记是如何写出来的。

(二) 活动设计

▲ **活动设计一：温故知新谈收获**

在第五单元里我们学习了哪些文章？到过哪些地方？在学过的《壶口瀑布》《在长江源头各拉丹冬》《登勃朗峰》和《一滴水经过丽江》这四篇文章中，你最喜欢哪一篇？为什么？

我喜欢_____这篇课文，因为我欣赏_____。

▲ **活动设计二：解析游记明要领**

1. 我们常说"到此一游"，这个"游"指的就是游记，这个单元学习的这几篇文章都属于游记，那么，什么是游记呢？请大家说说自己认识中的游记。

游记就是记游，是描写旅行见闻的一种散文形式。游记的内容范围非常广泛，可以描绘名山大川的秀丽瑰奇，可以记录风土人情的有趣繁盛，可以说明建筑物的构造和游览经历，并表达作者的思想感情等。无论哪种游记，都是通过对自然风光、风景名胜、城市景观，以及景观中的人与事进行描绘，来达到记事、抒情、说理等目的。

2. 根据我们本单元学习的四篇文章，总结游记可以写哪些内容？请举例说明。

游记往往包含两方面的内容：一是交代游踪，通过游踪记述游览的经过，以此串起全文；二是描写景物，抒发感受。后者是写作的重点，需详写；前者则宜简略，只要能起到交代和串联作用即可，不必将游览行动巨细无遗地叙述出来。当然，游览过程中一些特别的经历也可以写出来，以增强文章的可读性。比如《登勃朗峰》的后半部分，写那个"车夫之王"的言行，这是旅途中难得的趣事，值得一写。

▲ **活动设计三：游记要素铭记心**

填表：

课文	主要写作顺序	选取的材料特点	游记立意

明确：

课文	主要写作顺序	选取的材料特点	游记立意
《小石潭记》	作者游览小石潭的路线	小石潭的石、水、树、鱼等清幽景物	通过描写小石潭幽静冷寂的环境，表达自己被贬后的忧伤凄苦的心境
《壶口瀑布》	立足于"核心"四下观察	龙槽中的巨石与河水的雄浑壮美	通过重点描写枯水季节龙槽的河水与巨石，抒发作者内心独特的感受与思考
《在长江源头各拉丹冬》	作者的行程路线	冰塔林中难得一见的奇特景观	写"游览"冰塔林的经历，生动地表现出自己置身于难得一见的景物之中的身体感受和心理感受
《登勃朗峰》	作者登山游览路线及见闻	登勃朗峰所见的奇丽景色	写登山过程中的奇景与奇事，表现乐观、洒脱的性情
《一滴水经过丽江》	一滴水的流动路线	丽江景物在时空上的变化	以一滴水串起丽江的景物与建筑、人文与地理、历史与现实，表达赞许之情

▲ 活动设计四：实战演练会方法

学生阅读教材111页《游览北海公园》的片段，分析这段游记问题出在哪里？如何才能写好游记？

片段：

5月28日，我和爸妈一起去游览北海公园。

10点，我们到了公园门口，买票进去。

首先看到公园里有一个很大的湖，一些人在湖上划船，湖边有很多游客。

我们沿湖行走，湖边有亭子，亭中有人休息。

我们登上了名为琼岛的小岛，看到了富有盛名的北海白塔。

1. 移步换景和定点观察（顺序合理）。

以游踪为序是写游记常用的写作顺序。每到一处，观察点不同，所见之景也会不同，随着自己游览参观的开展，将一处处迷人的景物有序地呈现在读者面前，这就是移步换景。如《在长江源头各拉丹冬》就是以游踪为序，运用了移步换景的写法。

定点观察，就是观察者选定一个处于相对静止状态的观察对象有次序地进行观察。运用定点观察法，首先要注意选择好观察位置，也就是立足点。"横看成岭侧成峰,远近高低各不同",立足点不同,观察时事物呈现的面貌也不同。所以,一定要根据事物的特点和观察的需要,选择最理想的立足点。在运用定点观察的方法时,还要注意有一个合理的观察顺序,可以按照不同的次序,如由近及远或由远及近、由高到低或由低到高、从左至右或从右至左等进行观察。由于其固定的立足点,定点观察比较容易有集中深入的观察效果,特别是对某一处、某一点的具体景物的观察中,容易抓住事物的特征,获得深刻全面的印象。

　　一篇游记,很多时候会同时使用移步换景和定点观察的方法,使文章条理清楚,内容充实。例如《登勃朗峰》,通篇文章用到了移步换景法,第三段、第四段就用到了定点观察法,对勃朗峰的美丽风景进行了全方位、细致的描绘,突出了勃朗峰的无限魅力。再如《壶口瀑布》中对"龙槽"的描写,作者也用到了定点观察法。

　　2. 抓住特征,突出重点(详略得当)。

　　所谓突出重点,就是能体现这一处景物的特征(独特性)的要详写,而不能体现其特征的则要略写或不写,如《登勃朗峰》就抓住了勃朗峰景色秀美、雄伟壮观的特点进行详写。

　　3. 景中有人,融情于景(情景交融)。

　　游记,写的就是自己的所见所思所感,是"我以我眼看世界"的情感体验。所以,我们应让游览参观中的景成为我们内心情感的载体。如《壶口瀑布》将赞美之情巧妙地融合在具体的描写中,由小小的壶口瀑布透视黄河博大宽厚的雄壮之美,抒发了对大自然的热爱,赞美了中华民族的伟大精神。

　　4. 人文典故,丰富内涵(内容丰厚)。

　　如果在游记中引入一些典故、传说、史料、前人的评价等,定然会丰富游记的内涵,给景物添上一层诱人的人文色彩。如《登勃朗峰》写下山时车夫车技之高,叙述奇人奇事,就有传奇色彩。再如《一滴水经过丽江》中写明朝时,纳西族的首领木氏家族率领百姓筑起四方街,徐霞客把玉龙雪山写进《徐霞客游记》,四方街中有售卖纳西族的东巴象形文字的字画店等等,这些都使丽江有了浓郁的文化气息,丰富了游记的内容。

　　5. 巧用修辞,增添文采(语言优美)。

　　在写作中,除了要工于遣词,还要善用修辞,妙用比喻、拟人、夸张等修辞手法,这样不仅能使事物更形象,还可以引发读者的遐想和想象,大大丰富文章的内容。

6. 创新思路，彰显个性（构思新颖）。

写作时，可以依据内容特征，从一个独特的视角进行观察，创新写作思路，彰显作者独特的个性。如《一滴水经过丽江》，作者在文中虚构了一个旅游者兼讲述者——"一滴水"，既用它串起文章，形成时空线索，又用它与读者交流，抒发情怀，这就使文章在"展现"之余又有"讲述"，带给读者独特的阅读感受。

（设计意图：根据实例，引导学生掌握写游记的方法，不是流水账，要注意游览的过程，沿途的风景，表达自己的感受。）

简言之——游记写作要领：

① 移步换景，定点观察（顺序合理）
② 抓住特征，突出重点（详略得当）
③ 景中有人，融情于景（情景交融）
④ 人文典故，丰富内涵（内容丰厚）
⑤ 妙用修辞，增添文采（语言优美）
⑥ 创新思路，彰显个性（构思新颖）

(三) 课堂小结

同学们通过阅读《壶口瀑布》《在长江源头各拉丹冬》《登勃朗峰》《一滴水流过丽江》等游记课文，回顾所见、所至、所感的写法并运用到游记写作中。写游记，必须关注写作之前的参观游览活动的精心策划，将写作意识渗透其中，这样才能提升写作的品质。大家可以结合你们所在地区的自然景观、人文景观或者社会场所，组织一次社会实践活动，走进自然，接触社会，认识大自然的多彩风光。了解人文景观的文化意蕴或历史背景，知晓特定场所的知识内涵与教育价值，选择感受深刻的景点，记录观察的收获，准备课堂写作的素材。

(四) 布置作业

1. 说一说。谈谈自己的旅游经历。学生畅谈自己的一次旅游经历，可以挑自己认为重点的内容来说。

2. 写一写。我们可能都有过旅游的经历。旅途中，我们不仅观赏自然风光，了解民风民俗，同时也会有许多新奇的感受，产生很多思考和遐想。选择一处自己游览过的景点，自拟题目，写一篇游记。不少于600字。

提示：

（1）先画出当时的游览路线图，按游览顺序拟出写作提纲。

（2）回想游览时最深的印象及总体感受，据此确定材料取舍与叙述详略。

（3）在记叙或描写中融入自己的情感，也可以适当加入一些人文景观的介绍或引用他人的描写、评价等，以丰富文章内容。

（设计意图：引导学生抓住写作要领进行撰写）

口语交际　即席讲话

一、教学目标与学习要素

(一) 教学目标

1. 克服学生发言时的紧张心理，学习即席讲话的构思技巧。
2. 通过创设情境进行思维训练，提高学生即席讲话的能力。
3. 培养学生良好的语言习惯，表现文化素养和气质风度。

(二) 学习要素

理解即席讲话与演讲的区别，即席讲话的表达应有自己的观点，有说服力，同时要自然得体。

二、教学建议

即席讲话属于口语交际，类似于小型演讲，但与演讲不同的不仅是规模较小，而且往往没有规定的任务和题目，多半也不能事先准备，需要临场发挥，从这个意义上来说，即席讲话比演讲难，它更考验说话者的聪明才智。即席讲话要先有自己的观点，其次要围绕观点表达，还要清楚、连贯、有说服力，也要做到妥当、得体。训练口语交际，建议结合本单元的游记文章，以扮演"小导游"的方式进行练习，或者创设更多情境，以提高学生的口头表达能力。

三、教学过程

(一) 导入

学完了游记这个单元，谁能来给我们介绍一下你最喜欢哪个地方，都见识到了什么，有什么感受？不难发现，刚才同学们的回答，有的思路清晰，语言流畅，有的同学磕磕巴巴，语无伦次，其实，我们上课发言就是一种即席讲话，而即席讲话也是很有技巧的，今天我们就来探讨一下，怎样能通过即席讲话锻炼好语言表达。

(二) 活动设计

▲ 活动设计一：我做点评家

1929年1月，应教育家陶行知之邀，剧作家田汉率"南国社"来到位于南京郊区的晓庄师范，为师生和附近的农民表演话剧，在欢迎仪式上陶行知即席致辞。

"今天我是以'田汉'的资格欢迎田汉，晓庄是为农民而办的学校，农民是晓庄师生的好朋友，我们的教育是为'种田汉'办的教育……所以我是以一个'种田汉'代表的资格在这欢迎田汉。"

田汉随即致答词：

"陶先生说他是以'田汉'的资格欢迎田汉，实不敢当！我是一个'假田汉'，陶先生是个'真田汉'，我这个'假田汉'能够受到陶先生这个'真田汉'以及在座的许多'真田汉'的欢迎，实在感到荣幸，我一定要向'真田汉'学习。"

阅读上面材料，你能对二人的即席对话进行点评吗？

例：

这样巧妙借"名"发挥，不但使讲话热情洋溢，趣味盎然，还表达了陶行知的平民教育思想和田汉"到民间去"的艺术主张，可谓辞理俱佳，这就是活脱脱的即席讲话。由此可见，即席讲话是指在特定的场合，在没有充分准备的情况下，当众临场发挥的讲话。

▲ 活动设计二：我做归纳者

想一想：通过课前同学们的发言和刚才陶行知的事例，想一想即席讲话有哪些特点？

1. 临场性——即席讲话往往没有充足的准备时间，故讲前应尽量了解参加的活动，略做准备，做到心中有数。

2. 针对性——即席讲话，不宜长篇大论，要观点明确集中，话题聚焦针对性强。

3. 生动性——成功的即席讲话大多有着鲜明的语言特色，或机智敏捷，或幽默诙谐，或精炼隽永，或简洁明快，或情真意切。

▲ 活动设计三：我做分析师

读读以下几个事例片段，说说即席讲话可以有哪些方法？

1. 最珍贵的一刻。

1969年7月21日，两位美国宇航员乘"阿波罗11号"首次在月球登陆成功之际,时任美国总统的尼克松通过电视向这两位宇航员发表讲话:"因为你们的成就,使天空也变成人类世界的一部分,而且当你们从宁静海对我们说话时,我们感到要加倍努力,使地球上也获得和平和宁静。在人类历史上这个最珍贵的一刻,全世界的人都已融合为一体,他们对你们的成就感到骄傲,他们也与我们共同祈祷,祈望你们平安返回地球。"

明确:这是一次重要的电视讲话。面对人类历史上"零的突破",作者选择了以祝贺和祈愿为主要内容,从高度赞美宇航员的功绩,到表达建设地球家园的决心,再到祈望宇航员平安返航,短短的几句话,含义丰富。因为与宇航员的电视通话时间很短,但关注者众多,所以作者不能长篇大论,只能将诸多意思浓缩在几句话里,不仅说给宇航员听,更要说给所有的电视观众听。这是一次成功的即席讲话,不仅将永远留在宇航史上,也将留在人类历史上。

2. 数字也有情。

浙江大学数学系教授蔡天新说:"数学是最浪漫的,它比世上任何语言都要煽情。9对3说:我除了你,还是你;4对2说:我除了2,还是2;1对0说:我除了你,一切都变得毫无意义;0对1说:我除了你,就只有孤独的自己。"

明确:这是一段很有意思的讲话。为了引发数学系的学生对数学的喜爱,蔡教授特地将简单的数字拟人化,借助使用除法的结果,传达爱意,表明"数学是最浪漫的"观点,新颖别致,立刻吸引了听众,而且赢得了共鸣。

3. 不说一句话。

1948年,珍·惠曼因在《心声泪影》中成功地扮演了一个聋哑人而获奖。在颁奖大会上,她的答谢词既简单又机巧。她说:"我因一句话没说而获奖,我想我该再一次闭嘴。"

明确:这是一个成功的即席讲话。讲话者把自己的获奖和所演的角色联系起来,加深听众对其角色的印象。她也因简洁明了的讲话,再一次给观众留下了深刻的印象。

总结方法:

可就地取材、可借题发挥、可随机应变、可形象说理、可以少胜多。

(三)课堂小结

本节课是介绍口语交际的一种——即席讲话,同学们在即席讲话之前一定要弄清讲话的目的、对象与场合——为什么讲话,对谁讲话,在哪里讲话,都要了然于心,这样才能有针对性地发言。同时要运用一些技巧,最常用的技巧就是就地取材,从现场寻找大家共同关心的话题,或者从前面发言者的讲话内容生发开去,往往能一下抓住听众的思绪,吸引听众的注意。即席讲话,需要在日常发言和与人交谈中锻炼,要有意识地磨炼自己的口语表达能力,从而拥有一副好口才。希望同学们能在平时生活中主动表达自己,多多锻炼自己,在适当的场合塑造一个闪闪发光的自己。

(四) 布置作业

抽签选择一个话题:"同学生日会""教师节到了""读书交流会""挑战自我夏令营开班仪式"四个话题,任选其一,给2—3分钟时间准备,进行3分钟即席讲话。

总结即席讲话技巧:

心理上:思维敏捷,善于倾听,随机应变,沉着冷静,临危不乱。

内容上:观点明确,逻辑严密,言简意赅,幽默诙谐,借题发挥。

单元练习

▲ **总活动设计**：带着梦想去旅行，一起去看大自然的鬼斧神工，一起去感受世间的风土人情！将班级分成四个小组，每组重点去完成一个活动，用于进行展示交流和评选。

▲ **活动设计一：放眼世界摄影师**

带着相机，带着笔，拍下一段美好，记下一段故事，来一次"云"游四海，来一次网上看世界，或者走出家门，带着镜头寻找"心"世界。在班级中评选摄影风采奖。

▲ **活动设计二：拿着相册做导游**

选出自己最喜欢的一次"旅行"照片，向全班同学进行一次介绍，注意把握本单元强调的"所至""所见""所感"的写作要素。看谁讲的最好，最吸引人，评选最佳小导游。

▲ **活动设计三：旅游印象小作家**

将自己的旅行最深刻的景象、最深刻的人和事，记录下来，可以照片配文，可以图文并茂，设计一份自己的旅游印象小报，在班级展示，评选出最具文采奖和最具设计奖。

▲ **活动设计四：广告设计宣传员**

在第五单元，我们跟着每位作者放眼世界，跟着他们的脚步实地探索，不仅看到了大自然的鬼斧神工，更感受到了世界各地的风土人情，请同学们为自己或其他伙伴的旅游进行命名，并完成一份广告旅游宣传文案，文案中要体现出旅游地的特色，让人喜之爱之。作品在班级中进行展示交流，并评选最美宣传员。

第六单元

单元教学目标

1. 反复诵读的基础上,培养文言语感。
2. 注重积累常用文言词语和句式,欣赏课文中的精彩的语句。
3. 学习古人论事说理的技巧,体会他们的人生感悟,启迪思想和陶冶情感。

单元内容框架

单元设计说明

本单元课文都是我国古代经典名篇,有的是对理想境界的追求,如《北冥有鱼》《大道之行也》等;有的是对现实生存状态的反思,如《马说》《石壕吏》《卖炭翁》等。《北冥有鱼》展现了作者广大的内心和无比自由的精神世界。《庄子与惠子游于濠梁之上》中讲述了庄子与惠子由于性格的差异导致两种对立的思考。《虽有嘉肴》重点论述了"教学相长"的道理,《大道之行也》阐明了儒家理想中的"大同"社会的基本特征。《马说》认为人才遇到伯乐才能发挥才能。《石壕吏》写了对战争的控诉,对百姓的同情。《茅屋为秋风所破歌》表达了诗人的济世情怀。《卖炭翁》表达了诗人对官使的控诉,对劳动人民的同情。

通过诵读、品味、分析,抓住文本内容、思想情感等学习要素,来把握本单元文言文的艺术魅力。体会古人的人生感悟,从而得到思想启迪和情感陶冶。诵读这些经典诗文,不仅可以增加积累,更能通过感受古人的思想与志趣,陶冶自己的情感与胸怀。本单元写作教学为学写故事,写故事一定要有头有尾,完整地叙述一件事,情节发展要有波折,要设置悬念,结尾要出人意料,增加故事的趣味性。本单元综合性学习为"以和为贵",主要学习内容为:探究"和"之义,把握"和"的内涵。

21 《庄子》二则

一、教学目标与学习要素

(一) 教学目标

1. 反复诵读,培养文言语感,积累常用文言词语和句式。
2. 欣赏《庄子》中雄奇瑰丽的想象和机智巧妙的论辩。

(二) 学习要素

1. 在夸张想象中寄寓深刻哲理的特点。
2. 汉字多义性在强化表达效果中的作用。
3. 虚词"也""矣"在语境中表达情感的作用。

二、文本解读

(一) 课文整体解析

庄子,名周,战国时期哲学家,道家学派的代表人物。作为道家的重要典籍,《庄子》被称为"文学的哲学,哲学的文学",它博大而厚重、瑰奇而诙谐,是一部把深刻的哲学思想和美妙的文学意境结合得浑然天成的著作,代表了先秦散文最高成就,对后世产生了巨大影响。

《北冥有鱼》节选自《庄子·逍遥游》,是全文开头的一小部分。《逍遥游》作为《庄子》的首篇,是庄子哲学思想开宗明义的体现,也透露着全书的格调。从篇名来看,"逍遥"二字可理解为闲适自在,悠然自得,"逍遥游"就是指闲适自得的悠游境界。《逍遥游》主要是阐发作者追求绝对精神自由的思想。课文只节选了开头"鲲鹏"形象部分,短短142字的篇幅里,作者通过雄奇瑰丽的想象,塑造了"鲲鹏"这样对中国文化影响深远的超现实形象,"鲲鹏"遨游的景象壮阔而浪漫,让我们领悟到作者内心的波澜与博大的胸襟。鹏化自鲲,从脊背和双翅来看,鹏形体硕大;从活动时的气势来看,鹏力量巨大;它要从北冥迁徙到南冥,需飞上九万里的高空,可见鹏的志向高远;鹏从高空俯瞰大地时,与人仰视天空时的相似之处在于视野开阔,但是因为身处九万里的高空,鹏就比人有了更高的境界。鹏的形象如此宏大，却和山野中的雾气、空气中的尘埃一样，需要有所依凭才能活动，所以终究是不自由的。如果外在形体无法自由，那么能够做到绝对自由的只有人的心灵，人的精神，这种自由能够突破空间和时间的限制，看破生死，看透名利，去除欲念。"北冥""南冥""鲲""鹏"便是庄子心灵自由驰骋、想象不受拘束的结果，让人们看到了他广大的内心和无比自由的精神世界。

《庄子与惠子游于濠梁之上》节选自《庄子·秋水》，主要由庄子和惠子的辩论组成。这段对话反映了两位思想家看世界的不同方式。惠子是位逻辑学家，庄子则是诗人、哲学家。惠子看问题是理性和科学的态度，而庄子则是诗人和感性的态度。从逻辑上看，辩论的胜者是惠子，其推理有"子非鱼"的事实依据，也有从我"固不知子"到"子之不知鱼之乐"的以退为进。然而，从故事本身来看，则是庄子凭借偷换概念占了上风。惠子不再说话，辩论结束了，庄子也展示了自己的机智。庄子认为"鱼乐"，一方面是看到鱼"出游从容"，同时也是他自己与惠子出游时愉悦心境的投射和外化。这种"乐"得之于自然，同时也得之于内心，物我在这里并无区分。鱼的从容自在不受任何物欲的羁绊，是一种真正的"精神自由"，这正是庄子所追求的"独与天地精神往来"的大境界。

(二) 重点语段细读

1. 鲲之大，不知其几千里也。

"鲲"的传说最早见于《列子·汤问》："终北之北有溟海者，天池也，有鱼焉，其广数千里，其长称焉，其名为鲲。"稍后的《庄子》也引用了这个传说。有趣的是"鲲"字在《尔雅》中释为"鱼子"，意为小鱼、鱼苗，而在这两部道家著作中却被用作大鱼名。

2. 化而为鸟，其名为鹏。

"化"在甲骨文中写作 或 ，两种写法不同，不过都像二人相倒背之形，一正一反，以示"化"字本义为变化。从这一字形来看，由"鲲"到"鹏"可以看作是一种彻底的、脱胎换骨的变化，也许经历了漫长的过程，甚至艰辛如凤凰涅槃，以"鲲"这一旧生命的消亡换来"鹏"的诞生。

3. 怒而飞，其翼若垂天之云。

"怒"字课文注释为"振奋"，有奋发之意，在这里描写出鹏飞起时用力鼓动翅膀的样子。"鲜花怒放"一词中也保留这一义项。

4. 鹏之徙于南冥也,水击三千里,抟扶摇而上者九万里,去以六月息者也。

  鹏从北冥迁徙到南冥,"南"与开篇的"北"对举,构成了辽远的空间感,显示出阔大的境界,鹏在这样广阔的空间里飞行,会给人自由逍遥的印象。"水击三千里"又展示了鹏巨大无比的力量。要飞上"九万里"的高空,鹏需要"抟扶摇"——乘着旋风盘旋,需要"六月息"——六月的大风。所以鹏的行动是受到限制的,需要等到"六月",需要海上大风的承托。

5. 野马也,尘埃也,生物之以息相吹也。

  "野马"指山野中的雾气,它和尘埃一样是轻若无物的,然而它们也都需要生物用气息吹拂,不能无所凭借地自由地飘浮于空中。由此可见,它们和鹏是一样"有待"的。

6. 天之苍苍,其正色邪?其远而无所至极邪?其视下也,亦若是则已矣。

  人站在地面上仰视天空,极目远望却看不到尽头,只能看到一片湛蓝苍茫。那么"抟扶摇而上九万里"的鹏向下看呢?应该和人的感受一样,眼前是无比辽阔无限遥远的。

7. 庄子曰:"鲦鱼出游从容,是鱼之乐也。"惠子曰:"子非鱼,安知鱼之乐?"

  庄子在濠水桥上游玩时临水观鱼,看到鱼在桥下水中游动悠然自在,感叹鱼"从容"之"乐",这感叹是闲适轻松的,也是打通了自我和鱼之间的界限,令人感到诗意美好的。而惠子表示庄子与鱼是两个不同的个体,甚至是两个完全不同的物种,"安知"意为不可知,这种看法是理性冷静的,也是将人与自然万物对立起来因而缺少情趣的。

8. 庄子曰:"子非我,安知我不知鱼之乐?"惠子曰:"我非子,固不知子矣;子固非鱼也,子之不知鱼之乐,全矣!"

  庄子顺水推舟,循着惠子的逻辑用"安知"回应了"安知",颇有四两拨千斤的轻松之感。而惠子作为名家代表人物,则以退为进,先承认自己"固不知子",然后就顺势出击,得出"子之不知鱼之乐"的结论,此时惠子的得意之态透过"全矣"二字跃然而出。

9. 庄子曰:"请循其本。子曰'汝安知鱼乐'云者,既已知吾知之而问我,我知之濠上也。"

  惠子的辩论逻辑严密,庄子无从反驳便提出"追溯话题本源",利用"安"字多义的特点将"怎么"偷换为"哪里",以"我在濠水的桥上知道的"化解了对手的攻势。此时的庄子也如鱼一般"倏尔远逝",在即将被"绝杀"时巧妙避开对手的正面攻击,可谓机智。同时,"我知之濠上也"表面上只回答了知鱼的地点,其实暗含着知鱼的方式——我就是站在濠水的桥上"看着鱼,感应到鱼是快乐的"。因为那一刻我就是鱼,鱼就是我,感知鱼乐的那一刻,我的心是物我合一的境界。

三、教学过程

第一课时

(一)课时目标

1. 反复诵读,培养文言语感,积累常用文言词语。
2. 欣赏《庄子》中雄奇瑰丽的想象和对精神自由的追求。

(二)导入

1. 中队名称。

老师请同学们为中队名称出谋划策,最后大家投票,"鲲鹏中队"赢得最高票数。"鲲鹏"为什么会收到大家的青睐呢?

2. 请同学们说说和"鹏"有关的成语。

"鹏"可以说是我国文学史上最富有生命力的形象之一。它是由战国时期哲学家庄子创造出来的。请同学们说说和"鹏"有关的成语,体会"鹏"的特点。

(三)活动设计

▲ **活动设计一:鹏的初印象**

1. 自读课文,注意字音停顿,做到正确清楚。
2. 借助注释初步理解大意,说说文中鹏给你的初印象。

▲ **活动设计二:鹏的专访**

1. 鹏的自述。自读课文并圈画文中语句归纳"鹏"的特点,尝试用鹏的口吻介绍自己。

鹏之背,不知其几千里也;其翼若垂天之云——硕大无比

水击三千里,抟扶摇而上者九万里——力大无穷

水击三千里,抟扶摇而上者九万里——志存高远

去以六月息——善借长风

其视下也,亦若是则已矣——境界高远

2. 旁观者说。从野马和尘埃的角度来看鹏,会有什么发现呢?

除了"鹏"的形象,文中还写到了"野马""尘埃",它们和鹏的形象有什么联系?

从"生物之以息相吹"和"去以六月息"两句可以看出,它们的运动都必须依靠气息,说明万物都有所依靠,也就都受到限制。

▲ **活动设计三:庄子眼中的鹏**

1. 《逍遥游》中的鹏是逍遥的吗?为什么要创造"鹏"的形象?

"逍遥"的意思是闲适自得、自由自在的意思。那么怎样才是真正的"逍遥"呢?

有形的生命,是没有绝对自由的,也不可能有,哪怕如鹏一般硕大;但是人的精神,是可以绝对自由的,因此我们可以把"逍遥"理解为对精神自由的追求。

2. 庄子写《逍遥游》究竟想表达什么?

阅读补充材料,结合课文,谈谈你对庄子和"逍遥"的认识。

短文一:

庄周家贫,故往贷粟于监河侯。监河侯曰:"诺,我将得邑金,将贷子三百金,可乎?"

庄周忿然作色曰:"周昨来,有中道而呼者。周顾视,车辙中有鲋鱼焉。周问之曰:'鲋鱼来!子何为者耶?'对曰:'我,东海之波臣也。君岂有斗升之水而活我哉?'周曰'诺!我且南游吴越之王,激西江之水而迎子,可乎?'鲋鱼忿然作色曰:'吾失我常与,我无所处。吾得斗升之水然活耳,君乃言此,曾不如早索我于枯鱼之肆!'"

——《庄子·外物》

短文二:

庄子钓于濮(pú)水,楚王使大夫二人往先焉,曰:"愿以境内累(lèi)矣!"庄子持竿不顾,曰:"吾闻楚有神龟,死已三千岁矣,王以巾笥(sì)而藏之庙堂之上。此龟者,宁其死为留骨而贵乎?宁其生而曳尾于涂中乎?"二大夫曰:"宁生而曳尾涂(tú)中。"庄子曰:"往矣!吾将曳尾于涂中。"

——《庄子·秋水》

庄子一生穷困潦倒,却能安于贫困,看破名利。他追求的人生至高境界就是看破内心重重藩篱障碍,保持人格独立。因此,我们可以把逍遥看作精神的自由自在,无所羁绊的大境界。

(四)课堂小结

鲲鹏凭借海水的运动和六月的大风飞往南海,庄子凭借奇特的想象和深刻的思想影响了中国文化。虽然达到如此高远的境界非常不易,但我们要像鲲鹏一样有高远之志,要借助知识和思想的力量去感受精神世界的自由与丰富。

(五)布置作业

"化"在甲骨文中写作 ⫯ 或 ⫰,两种写法不同,不过都像二人相倒背之形,一正一反,以示"化"字本义为变化。从这一字形来看,由"鲲"到"鹏"可以看作是一种彻底的、脱胎换骨的变化。请你发挥想象,把这个过程描写出来。

第二课时

(一)课时目标

1. 反复诵读,培养文言语感,积累常用文言词语。
2. 欣赏文中机智巧妙的论辩,体会庄子与惠子不同的思维方式。

(二)导入

在先秦诸子百家中,庄子的思想和个性可谓另类。个性独特的他和好朋友惠子之间发生的故事也格外有趣。

(三)活动设计

▲ 活动设计一:我帮编辑改题目

1. 课文题目为什么是"庄子与惠子游于濠梁之上"?
2. 如果我希望通过题目了解故事内容,最少需要改动几个字?

参考:庄子与惠子辩于濠梁之上

▲ 活动设计二:昨日重现

1. 补写情态:朗读对话,补写人物说话时的情态。

庄子(　　)曰:"鲦鱼出游从容,是鱼之乐也。"

惠子(　　)曰:"子非鱼,安知鱼之乐?"

庄子（　　　　）曰："子非我，安知我不知鱼之乐？"

惠子（　　　　）曰："我非子，固不知子矣；子固非鱼也，子之不知鱼之乐，全矣！"

庄子（　　　　）曰："请循其本。子曰'汝安知鱼乐'云者，既已知吾知之而问我，我知之濠上也。"

参考：可依次填入欣然/笑、打趣/调侃/戏、从容不迫/不慌不忙、得意洋洋、气定神闲等。

2. 分角色朗读对话，感受人物说话时的情态、动作。

可从重音、语速、语态乃至动作等方面进行指导。

3. 在括号中填入恰当的虚词，并思考能否互换，为什么？

鲦鱼出游从容，是鱼之乐（　　　　）。

"也"在这里起舒缓语气的作用，句末着一"也"字，可以理解为"这是鱼的快乐啊"，能更好地表现出庄子此刻悠然自得、怡然自乐、轻松自如的心态。"矣"在古文中相当于现代汉语的"了"，表示完成。如换成"矣"字就如同在说"这就是鱼的快乐了"，多了强调确定、不容置疑的意味，与当时情境及庄子形象都不相符。

子之不知鱼之乐，全（　　　　）！

用一个"矣"字，传递出"战斗结束了"的信息，惠子稳操胜券、志得意满的情态跃然纸上，如果用"也"字就完全没有这一层效果。

4. 角色扮演：请同学们两人一组，分别扮演庄子和惠子，把二人辩论的场景表现出来。

鼓励质疑，组织交流。提示借助"我知之濠上也"推断"汝安知鱼乐"中"安"字的意思，理解庄子利用"安"字的多义性在辩论中偷换概念。

▲ 活动设计三：谁是抬杠大师？

2000多年前这场跌宕起伏又妙趣横生的"抬杠"，至今仍闪耀着智慧的光芒。你认为这场辩论谁胜了，为什么？结合课文和下面的材料，说说你眼中的惠子或庄子的特点。

短文一：

惠子相（xiàng）梁，庄子往见之。或谓惠子曰："庄子来，欲代子相。"于是惠子恐，搜于国中三日三夜。庄子往见之，曰："南方有鸟，其名为鹓雏（yuān chú），子知之乎？夫鹓雏发于南海，而飞于北海；非梧桐不止，非练实不食，非醴（lǐ）泉不饮。于是鸱(chī)得腐鼠,鹓雏过之,仰而视之曰:'吓(hè)!'今子欲以子之梁国而吓我邪(yé)?"

——《庄子·秋水》

短文二:

庄子妻死,惠子吊之,庄子则方箕踞鼓盆而歌。惠子曰:"与人居,长子老身,死不哭亦足矣,又鼓盆而歌,不亦甚乎!"

庄子曰:"不然。是其始死也,我独何能无概然!察其始而本无生,非徒无生也而本无形,非徒无形也而本无气。杂乎芒芴之间,变而有气,气变而有形,形变而有生,今又变而之死,是相与为春秋冬夏四时行也。人且偃然寝于巨室,而我噭噭然随而哭之,自以为不通乎命,故止也。"

——《庄子·至乐》

庄子才思敏捷,惠子长于辩论。惠子是名家的代表,庄子是道家的翘楚。名家讲究逻辑,从逻辑上说,惠子占了上风,因为人和鱼是不同类的,人不可能知道鱼的心理;但从审美体验上说,庄子也有道理,动物的痛苦或快乐,人是可以凭观察体验到的。可以说庄子有艺术的哲学思维,惠子则带有逻辑的理性思维。庄子与惠子由于性格的差异形成了对立的思考方式——惠子求真,关注客观事物;庄子则尚美,超然于物外。

(四)课堂小结

享受鱼之乐的庄子又何尝不是一条鱼呢?站在濠梁之上的庄子自由、快乐;逍遥于天地间的庄子从容、洒脱。当我们立足现实、为生活而奋斗的时候,也应该打开庄子之门,呼唤庄子精神的回归,让自己像出游从容的鱼儿一样在精神世界里感受诗意与快乐。

(五)布置作业

1. 如果将《北冥有鱼》绘制成四格漫画,你会如何设计?请分别为这四幅画面配上文字说明。(每幅20字左右)

2. "濠梁之辩"中的庄子与惠子,你更欣赏的是谁?说说你的理由。(150字左右)

22 《礼记》二则

一、教学目标与学习要素

（一）教学目标

1. 反复诵读，培养文言语感，积累常用文言词语和句式。
2. 欣赏《礼记》中严密的论述、辩证的思维、深刻的思想。

（二）学习要素

1. 积累常用文言词语可以更好地理解主要内容和主题思想。
2. "教"和"学"辩证统一关系。
3. 用关联词暗补的方法可以理解句子之间的逻辑关系。

二、文本解读

（一）课文整体解析

《礼记》这本书表现了古人的哲思和情怀。相传西汉梁国人戴圣对秦汉以前各种礼仪著作加以辑录，编纂而成，共49篇。全书包括社会制度、礼仪制度和人们观念的继承和变化，儒家经典著作之一。它阐述的思想，包括社会、政治、伦理、哲学、宗教等各个方面，有较丰富的哲学思想。

《虽有嘉肴》选自《学记》，《学记》是礼记中的一篇，是中国教育史上第一篇系统性的教育学论文，这篇文章讨论"学"过渡到"教"，有辩证的思维，在它的阐述中，"教"与"学"二者相互依存，密不可分，课文中的"教学相长"并不仅仅是我们现在理解的教师和学生的互相促进，而是指教师自己的学习过程和其教导学生的事件都是学习，教育者既要学习，知道不足，也要自我反省，在教学的过程中，深化认知，努力提升自我。

《大道之行也》是《礼记·礼运》中的一段，它阐明了儒家理想中的"大同"社会，孔子因为生活在变乱纷乘的春秋末期，迫切希望出现一个太平盛世，所以提出理想中的"大同"社会。文章分几个方面阐述了大同社会的特征，先提出大道是治理社会的最高准则，并分述了"天下为公""选贤与能""讲信修睦"。人人都能受到全社会的关爱，人人都能安居乐业，货尽其用，人尽其力。文章最后拿现实社会跟这个理想"大同"社会作对比，从而指出，现实社会中诸多黑暗现象，在大同社会将不会存在，取而代之的是"外户而不闭"的和平、安定的局面。

纵观这个单元的单元目标，可以帮助教师明确本文教学的重难点，也可以联系学生已有的文言文知识学习经验，丰富学生对《礼记》的认识。

(二) 重点语段细读

1. 虽有嘉肴，弗食，不知其旨也；虽有至道，弗学，不知其善也。

尽管有美味可口的菜肴，不吃，就不知道它的味美。尽管有最好的道理，不学，就不知道它的好。这句话将"嘉肴"和"至道"进行类比，形象生动地写出了学习的重要性，再美味的菜，不亲自尝尝，永远不知道滋味如何，同样，有再好的道理，如果不去学习，永远也不知道它的好处。

2. 故曰：教学相长也。

这句话阐述了"教"与"学"的辩证关系，学习的人通过学习知道自己不足，教的人通过教别人知道自己还有难点，无论学的人还是教的人都能得到提高。教和学两方面互相促进，共同提高。二者相互依存，密不可分，互相促进。

3. 大道之行也，天下为公。选贤与能，讲信修睦。

从总的方面来概括了大同社会的根本特征。政权共有，管理者德才兼备，成员之间关系良好，它们之间是并列关系。

4. 故人不独亲其亲，不独子其子，使老有所终，壮有所用，幼有所长，矜、寡、孤、独、废疾者皆有所养。

所以人不只是敬爱自己的父母，不只是疼爱自己的子女，要使老人能够善终，中年人能为社会效力，年幼的人能够顺利成长，老而无妻的人，老而无夫的人，幼儿无父的人，老而无子的人，残疾人都能够得到供养。也就是说无论你是什么样的人，老、弱、病、残、幼生活都能得到保障，人人都受到社会的关爱，满足了生存需要。

三、教学过程

第一课时

(一) 课时目标

1. 反复诵读，培养文言语感，积累常用文言词语。

2. 随文学习基本的词汇，用来帮助理解课文中的语言难点。

3. 欣赏《礼记》中学习的启发和经验。

(二) 导入

题目中"虽有嘉肴"的"虽"，可以解释为"虽然"，也可以解释为"即使"，此处哪一种解释更符合文意？带着这个问题，让我们一起读准、读懂课文。

(三) 活动设计

▲ 活动设计一：诵读多棱镜

1. 学生个别读。

2. 大家听读。

3. 学生默读。

4. 学生表演读。

5. 全班齐读。

6. 老师引导学生在反复阅读中发现问题，深入探究，加深对文章的理解。

▲ 活动设计二：理解大比武

1. 学生对照注释和工具书译读句子。

2. 分小组合作翻译。

3. 每个小组互相质疑，提出自己不懂的词句。

▲ 活动设计三：分析我来谈

1. 自读课文并分层，初步理清文章层次。

第一层：类比，强调只有在实践中才能发现自己的不足。

第二层：强调"自反""自强"。

第三层：用《兑命》的话加以论证。

2. 理解语段中内容之间的联系。

这篇文章从讨论"学"过渡到"教"，有辩证的思维，在它的阐述中，"教"与"学"二者相互依存，密不可分。

3. 学生结合文章不同的段落内容，品读语句，关注同一对象的不同写法，理清段落层次关系。

▲ 活动设计四：角色我来演

同学分角色扮演，一个是"教"的角色，称呼为"教"同学，另一个是"学"的角色，称呼为"学"同学，两个人相遇会发生什么故事？其他同学分小组给他们设计台词，设计剧本。

（四）课堂小结

这篇课文主要讲了"教学相长"的辩证关系，课文中的"教学相长"并不是我们现在理解的教师和学生的互相促进，而是对同一个主体而言的，教育者既要学习，知道不足，也要自我反省，在教学的过程中，深化认识，努力促进。

（五）布置作业

班级要组织互助学习小组，你要帮助某位同学，试着用本文学到的道理去引导他重视学习。

第二课时

（一）课时目标

1. 反复诵读，培养文言语感，积累常用文言词语。
2. 学习基本的词汇，用来帮助理解课文中的语言难点。
3. 欣赏理解文章中大同社会的内涵。

（二）导入

我们每个人都生活在社会中，大家彼此依附又彼此独立，同学们心目中的理想社会是什么样的？

（三）活动设计

▲ 活动设计一：朗读争锋

1. 教师范读。学生聆听，自己不认识的字词加上拼音。
2. 教师领读。学生跟读，留心容易读错的地方，做上标记。
3. 学生齐读。一起读课文，准确读出节奏重音等。
4. 教师自读。学生小声跟读，巩固读法。
5. 教师进行朗读指导。

(1) 大道之行也——用提示语气读。

(2) 天下为公。选贤举能，讲信修睦——要有停顿变化。

(3) 不必为己——停顿稍长。

▲ 活动设计二：品读填词

1. 在括号中填入恰当的关联词，并写出为什么？

示例：男有分，（   ）女有归。

这是并列关系，通过关联词的填空，理清句子和句子之间的关系。

2. 填好后比较异同。

示例：原句：男有分，女有归。

改句：男有分，（   ）女有归。

▲ 活动设计三：提问接龙

1. 每个同学根据文章提三个问题，随机找一个同学提问，如果这个同学能够回答出来，就继续提问下一个同学，这样接龙下去，如果这位同学回答不出来，就自己随机指派一个同学来替他回答。

示例：

接龙同学	接龙问题
同学 A	这篇文章的主旨是什么？
同学 B	文中的纲领性句子是什么？
同学 C	大同社会的基本特征是什么？
同学 D	大同社会的社会局面怎么样？

2. 学生小组讨论，回答问题。教师补充古代儒家人的政治理想，帮助学生理解课文主题。组织学生再读课文，加深理解领悟。

▲ 活动设计四：辩论大赛

1. 学生组织辩论"大同"社会的理想是否能够实现。

2. 全班分为正方和反方，正方观点"大同社会可以实现"，反方观点"大同社会不能实现"，然后推选出代表，进行自由辩论。

（四）课堂小结

大同社会是理想还是现实？需要我们根据文章思考。这节课，我们通过朗读,整体把握文章,关联词填空的辨析让我们理清思路,通过提问深入理解内涵,进一步思考文章中心主旨,理解古代儒家人的政治理想。

(五)布置作业

如果将"大同社会"的社会景象绘制成漫画,你会如何设计?并配上文字说明(每幅30字左右)。

23 马说

韩　愈

一、教学目标与学习要素

（一）教学目标

1. 借助注释和工具书自读课文，理解作者托物寓意所表达的观点和情感。
2. 结合具体文句理解虚词在表情达意上的作用。

（二）学习要素

1. 学习托物寓意的写作手法，在寓理于物的同时也可表达强烈的情感。
2. 学习虚词在表情达意上的作用。

二、教学建议

1. 关于时代。

唐代从立国到维护统治、扩张领土，都依赖于军事力量，因而有尚武轻文的传统。韩愈所处的中唐时期，更是形成了藩镇割据的混乱局面，宦官专权，朋党争斗，社会动荡。尽管科举制度为中下层知识分子开辟了一条参政的道路，但录取人数很少，即使录取了也不能马上任职。再加上魏晋以来形成的士族门阀制度影响深远，唐代社会依旧有根深蒂固的门第观念。

2. 关于作者。

韩愈，是唐代古文运动的倡导者，位列"唐宋八大家"之首，与柳宗元并称"韩柳"，苏轼称他"文起八代之衰"。

但是韩愈参加科举考试，三次才考中进士，接着参加吏部"博学鸿词科"考试，又屡屡落选，只能闲居长安。韩愈以前进士身份三次上书宰相，表达自己"心忧天下，报效朝廷"，结果却是"阍人辞焉"。韩愈因为志不得伸，对社会现实积郁了满腔怨懑。

在关于韩愈的生平介绍中，常见"自谓"或"自称""郡望昌黎"。"郡望"本指某地的名门望族，可是"自谓""自称"实在微妙。首先，暗示此说并非事实，只是韩愈本人这样介绍而已，事实上他出身平民；其次，韩愈才华横溢，却要为自己描画出高贵的出身，也可见寒门子弟出仕之难。

3. 关于文章。

"说"是古代一种议论文体，用以陈述作者对某些问题的看法。此前学生在七年级学习过《爱莲说》，对此有一定了解。

《马说》全文151字，借马说人，气势充沛。作者采用托物寓意的写法，通过讲述千里马的遭遇，表达了怀才不遇的愤慨，对统治者埋没人才、摧残人才进行了辛辣的嘲讽，同时流露出希望统治者能识别人才、重用人才，让人才充分发挥才能的想法。韩愈鸣不平，是想把自己的遭遇和不平告诉世人，更重要的是想告诉当权者，以引起他们对自己和与自己一样的人的重视。作者的无奈、委屈、愤懑与统治者的无知、狂傲、丑陋形成强烈的对比，读之令人扼腕。

"大凡物不得其平则鸣"出自韩愈的散文《送孟东野序》。它字面意思是说物体因为放置得不平产生振动而发出声响，深层之意是指人遇到不平事就会表达自己的思想和主张。作品传递的"怀才不遇"思想及在此基础上形成的"世有伯乐，然后有千里马"的论断，反映了韩愈现实生存中面对的诸多困境，同时又展示了韩愈独特的生命价值取向及其难于避免的思想局限。

（二）重点语段细读

1. 世有伯乐，然后有千里马。

伯乐擅长相马，有两个重要前提。首先是有各种不同特点的马，其中包括千里马；其次伯乐拥有相马的知识和经验，知识固然可以来自书本，经验却主要通过实践习得。所以文章开篇这句话是有悖常理的。

那么为什么还要做出这样的论断呢？作者接下来给出了理由。因为千里马经常存在，但是善于分辨千里马的人很少见。这句话的言外之意是千里马没有被发现，就等于不存在。这个理由显然也是非常主观的。作者继续说出理由。虽然有千里马，但是没有被发现的话，结果就是遭受屈辱甚至死去，如此一来，千里马的价值完全没有被发现、认可，与不存在又有什么区别呢？

2. 安求其能千里也？

第二段先指出高水平的马，在饮食上自然有高需求。但因为"食马者"的无知，千里马非但无法施展本领，反而要忍受饥饿的折磨，千里马是何等不幸！"食马者"又是何等令人痛恨啊！"安求其能千里也"的反诘既表达了内心强烈的愤怒谴责，也是对"食马者"的灵魂拷问。

3. "天下无马！"

前文连用三个"不"写出"食马者"的愚昧无知，因为不能认出眼前的千里马而对其责难甚至折磨，已令人愤愤不平，而"食马者"竟还面对着饱受摧残的千里马，摆出了求贤若渴的姿态，发出"天下无马"的哀叹，这是怎样辛辣的讽刺啊！此处的感叹号表现出"食马者"对于世无良马的叹惋，也就更能体现出强烈的讽刺意味。

4. 其真不知马也！

本可疾驰疆场或纵情山野的千里马，如今却连基本的生存需求都不能得到满足，形销骨立，是多么的可悲可叹啊！而昏庸无知的食马者却还以为"天下无马"，分明是他们有眼不识千里马啊！这一句以"也"结尾，却非普通判断句，而是饱含了对食马者无知的嘲讽鄙夷，对千里马不幸命运的哀婉悲鸣。

三、教学过程

（一）导入

讲述"伯乐相马"的故事。

（二）活动设计

▲ 活动设计一：晒积累

1. 赛"马"会。

全班同学分成两队，分别说出含"马"字或与马有关的成语。比赛哪队说得更多。

一马当先、马到成功、一马平川、塞翁失马、伯乐相马、千军万马、青梅竹马、龙马精神、金戈铁马、指鹿为马、马踏飞燕、天马行空、万马奔腾、老马识途、蛛丝马迹、白马非马、心猿意马、马革裹尸、牛头马面、厉兵秣马、走马观花、车水马龙、万马齐喑、马首是瞻、戎马倥偬、招兵买马、信马由缰、猴年马月、鲜衣怒马、害群之马、五马分尸、悬崖勒马、快马加鞭、马不停蹄、驷马难追、马放南山、汗马功劳、马马虎虎、跃马扬鞭、溜须拍马、兵荒马乱、单枪匹马、鞍前马后、驽马十驾、宝马香车……

从数量可观的成语可见马与人类生活的紧密程度，也可见马的意象在中国文化中的重要地位。

2. 故事集。

问题一：预习课文说说题目中的马是什么马？

明确：千里马。

问题二：你能说出历史上著名的千里马吗？

乌骓马：项羽所骑战马名骓。

赤兔马：汉末三国时期一匹名马，为吕布的坐骑。

的卢马：三国时期曹操赠予刘备的坐骑，奔跑的速度飞快，更因辛弃疾一首词中的"马作的卢飞快，弓如霹雳弦惊"而广为人知。

问题三：如何理解题目中的"说"？

联系七年级下册第四单元《短文两篇》中的《爱莲说》，"说"是古代的一种文体，通常借某一事物，主要用以陈述作者对某些问题的看法、见解。

我们之前读过的《爱莲说》就是这类作品。

由此提出本课的核心问题是围绕"千里马"，作者陈述了什么看法？

▲ 活动设计二：小擂台

1. 登擂准备。

第一读：结合课下注释自读课文正音。

需要注意的读音。

骈(pián)死于槽枥(cáo lì)之间　才美不外见(xiàn)　食(sì)之不能尽其材

在初读古文时不仅要关注生字，掌握正确的读音，还要特别注意通假字和多音字。初二学生虽接触了一些文言文，但数量有限、积累不足，很难做到浏览一遍后就能准确判断出哪个是通假字，以及多音字在特定语境中的读音。如果不假思索就读起来，错误的印象就会深深地留在脑海中，所以务必在初读时慎重之。

第二读：质疑字音。

一食或尽粟一石(shí)

"石"在现代汉语中表示"容量单位"时读 dàn，但在古书中表示这一义项时读 shí。

第三读：个别朗读，集体正音。

2. 台下热身：同桌互读，做到准确流畅。

3. 朗读擂台：以小组为单位，或单人挑战，最终评出朗读完全正确且速度最快者为本次擂主。

速读的前提是读对,所以课堂上朗读时要求学生必须吐字清晰。

▲ 活动设计三:讲大意
在朗读充分的基础上,请同学结合注释逐段讲讲自己对文章的理解。

故虽有名马,祗辱于奴隶人之手,骈死于槽枥之间,不以千里称也。

所以虽然有很名贵的马,也只能在奴仆的手下受到屈辱,跟普通的马一起死在马厩里,不能以千里马而著称。

食马者不知其能千里而食也。

喂马的人不懂得要根据它日行千里的本领来喂养它。

且欲与常马等不可得。

想要和普通的马相等尚且做不到。

呜呼!其真无马邪?其真不知马也。

唉!真的没有千里马吗?其实是他们真的不识得千里马啊!

▲ 活动设计四:谈看法
1. 圈画出文中能直接表明作者观点的句子。

世有伯乐,然后有千里马。

2. 你同意作者这个不合逻辑的观点吗?为什么?

"尽信书则不如无书",读书不要拘泥于书上或迷信书本。哪怕面对传世经典,也应保持思考的习惯,多问为什么。

▲ 活动设计五:加标点
1. 发给学生无标点的《马说》全文,尝试独立给全文标点。
2. 和课文对照,找出不同之处,品析课文中标点的表达效果。

预设:

(1)安求其能千里也!

原文:安求其能千里也?

第二段先指出高水平的马,在饮食上自然有高需求。但因为"食马者"的无知,千里马非但无法施展本领,反而要忍受饥饿的折磨。令人为之扼腕之时,"安求其能千里也"的反诘既表达了内心强烈的愤怒谴责,也是对"食马者"的灵魂拷问。感叹号虽能表达强烈的感情,但是问的意味就不明显了。

(2)"天下无马。"

原文:"天下无马!"

前文连用三个"不"写出"食马者"的愚昧无知,因为不能认出眼前的千里马而对其责难甚至折磨,已令人愤愤不平,而"食马者"竟还面对着饱受摧残的千里马,摆出了求贤若渴的姿态,发出"天下无马"的哀叹,这是怎样辛辣的讽刺啊!感叹号比句号更能表现出"食马者"对于没有千里马的叹惋,也就更能体现出强烈的讽刺意味。

(3) 其真不知马也。

原文:其真不知马也!

本可疾驰疆场或纵情山野的千里马,如今却连基本的生存需求都不能得到满足,形销骨立,是多么的可悲可叹啊!而昏庸无知的"食马者"却还以为"天下无马",分明是他们有眼不识千里马啊!这一句以"也"结尾,却非普通判断句,而是饱含了对"食马者"无知的嘲讽鄙夷,对千里马不幸命运的哀婉悲鸣。

▲ 活动设计六:分享会

"阅读提示"中有关于本文的一些资料,但比较简单。课前布置学生查阅有关书籍或网络资料,进一步了解作者及写作背景,筛选出有助于理解本文写作意图的资料,在班级内分享。

1. 知人论世。

唐代尚武轻文,且门第观念依旧根深蒂固。韩愈生活的中唐时期,局面更是混乱。内有宦官专权,朋党之争激烈,外有藩镇割据,社会处于动荡中。中下层知识分子通过参加科举走上仕途的人数极少,而且即使录取了也不能马上获得任职。

韩愈位列"唐宋八大家"之首,与柳宗元并称"韩柳"。他倡导了古文运动,苏轼称他"文起八代之衰"。

韩愈参加了三次科举考试才考中进士,后又在吏部"博学鸿词科"考试中屡屡落选,只能闲居长安。他以前进士身份三次上书宰相,表达自己"心忧天下,报效朝廷"却始终没有得到回复。韩愈才华出众但迟迟得不到赏识,和他出身平民也有一定的关系。

2. 文章分析。

作者借写马而意在人,讲述千里马的遭遇旨在托物寓意,表达自己怀才不遇的愤慨,既有对统治者埋没人才、摧残人才的辛辣嘲讽,也流露出希望统治者能识别人才、重用人才的强烈愿望。

▲ **活动设计七：辨异同**

回顾《爱莲说》，比较其与《马说》在表现手法和思想情感方面的异同。

	同	异
《爱莲说》	文体：说 表现手法：托物寓意	1. 所托对象 2. 表达情感 3. 写作意图
《马说》		

（三）课堂小结

韩愈在本文中以良马喻人才，抒写知遇之难，千百年来唤起了无数知识分子的共鸣。本节课，我们从文中看似不合逻辑的观点入手，探究出作者真正的写作意图。但千里马的命运真的只掌握在伯乐手中吗？希望同学们能结合现实深入思考，并提出自己的观点，这也是我们需要从韩愈文中学到的最有价值的地方。

（四）布置作业

以"千里马之我见"为题，谈谈自己的看法。

24　唐诗三首

一、教学目标与学习要素

（一）教学目标

1. 诵读三首诗歌，把握语气语调，读出诗歌韵律和节奏。
2. 了解叙事诗描写手法。
3. 把握诗歌的情感，体会诗人忧国忧民的情怀。

（二）学习要素

1. 学习古诗内容，体会思想情感、分析人物形象。
2. 学习古诗叙事手法，了解诗歌内容，把握诗歌主旨和艺术特色。

二、文本解读

（一）课文整体解析

《唐诗三首》是部编教材八年级下第六单元中的第四篇课文。这三首诗都是古体诗，都有很强的叙事性，学习这类诗歌，应该学会理解诗中所叙之事，感受诗人传达出来的情怀。

《石壕吏》是唐代诗人杜甫的作品"三吏三别"之一。诗中叙述了作者亲眼所见石壕吏趁夜捉人的故事，揭露封建统治者的残暴，反映了唐代"安史之乱"给广大人民带来的深重灾难，表达了诗人对劳动人民的深切同情。

《茅屋为秋风所破歌》这首诗表达了诗人宁愿住破茅屋，也要使"天下寒士俱欢颜"的博大胸襟和崇高理想，表现了诗人推己及人的高尚风格和忧国忧民的情感。杜甫在这首诗里不是单纯地写自身之苦，而是通过个人的不幸来反映时代的不幸。在这狂风暴雨无情袭击的秋夜，诗人推己及人，忧国忧民的思想跃然纸上，深深地打动了一代又一代的读者。

《卖炭翁》这首诗是白居易《新乐府》五十首中的第三十二首，题下自注："苦宫市也"，说明了诗的主旨：一是指百姓苦于宫市的巧取豪夺；二是控诉宦官的恶行。诗歌通过记叙一个卖炭老翁辛苦劳动所得最终被宫使掠夺一空的遭遇，揭露了宫市的罪恶和统治阶级的残暴,同时也表现了作者对下层劳动人民的深切同情。

(二) 重点语段细读

1. **天明登前途,独与老翁别。**

一个"独"字,暗示老妇人已经被抓的悲惨结局,表现了诗人的内心悲凉。

2. **八月秋高风怒号,卷我屋上三重茅。**

"风怒号"三字读之如闻秋风咆哮之声,把风拟人化,突出风之大。

3. **满面尘灰烟火色,两鬓苍苍十指黑。**

这句是肖像描写。生动形象地刻画了卖炭翁烧炭艰辛、生活困苦。

4. **卖炭得钱何所营?身上衣裳口中食。可怜身上衣正单,心忧炭贱愿天寒。**

用设问句引出回答,通过肖像描写和心理描写表现卖炭翁内心的矛盾,体现了卖炭翁的生活困顿。

三、教学过程

第一课时

(一) 课时目标

1. 品读分析,把握诗歌内容和写作特色。
2. 感受诗人忧国忧民的情怀。

(二) 导入

杜甫经过石壕,根据目睹的现实写了这首诗,今天我们就一起来学习这首诗。

(三) 活动设计

▲ **活动设计一:分角色朗读课文**

班级以小组为单位,一部分读旁白,另一部分读老妇人的致词,初步掌握诗歌主要内容。

▲ **活动设计二:根据致词补充对话**

这首诗用了很多笔墨来写老妇人的致词,请你根据老妇人的致词,补充出差吏和她的对话,适当加上人物的肖像、动作等描写。

示例：

差吏大声吼道："你家的男丁都到哪儿去了？快交出来！"

老妇急忙回答：三男邺城戍。

差吏怀疑询问：都上前线了？

老妇哭诉：一男附书至，二男新战死。

▲ **活动设计三：把握诗歌主题内容**

1. 填写诗歌分层内容。

示例：

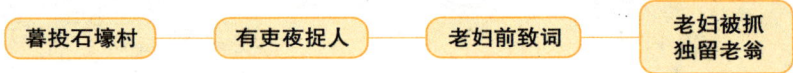

2. 讨论人物形象。

分小组讨论，诗歌塑造了哪些人物形象？怎么塑造的？

示例：文章主要塑造了老妇人的形象，通过侧面描写塑造了石壕吏的形象，更能突出这一类欺压百姓的人物的可恶可恨。还有作者的形象，体现了他对老百姓的同情。

3. 续写故事结局。

诗歌的结局是"天明登前途，独与老翁别"。同学们也可以续写下故事结局，大家觉得还会发生什么结局。

示例：老翁可能第二天被抓了，老翁可能被打死了，老妇人可能在路上病死了……

▲ **活动设计四：编排课本剧**

1. 根据诗歌内容，排演课本剧。

2. 同学挑选一个场景表演。

3. 同学打分，看哪个小组表演的好。

▲ **活动设计五：改写诗歌深入体悟**

改写指导：把诗歌改写成叙事散文，注意诗歌和叙事散文之间的区别。

1. 不能改变原诗的主题内容。

2. 可以适当补充一些情节。

3. 发挥合理的想象，增补必要的描写。

比较原诗歌和改写的叙事散文的区别。

	原诗歌	改写的叙事散文
《石壕吏》		

(四) 课堂小结

这首诗写出了老妇人一家悲惨的遭遇,表明作者为战争给人民带来的巨大灾难而深感悲痛。通过这堂课学习,我们学会了补充诗歌的留白,把握诗歌内容和情感。

(五) 布置作业

模仿这首诗的正面描写和侧面描写相结合的写作手法,写一个片段,200 字左右。

第二课时

(一) 课时目标

1. 交流预习,掌握生字词,读出诗歌的节奏韵律和情感内涵。
2. 通过分析,体会场面描写。
3. 感受诗人忧国忧民的情怀。

(二) 导入

杜甫一生颠沛流离,但其诗歌始终饱含着忧国忧民的情怀,一场暴风雨袭击了他的茅屋,让他更加忧思,写下了这首《茅屋为秋风所破歌》。今天,就让我们一起走近杜甫。

(三) 活动设计

▲ **活动设计一:我来读一读**

1. 第一遍朗读,正字音。
2. 第二遍朗读,读出节奏。
3. 自由朗读,体会情感。

▲ 活动设计二：我来填一填

1. 填表

茅屋为秋风所破歌	
地点	
时间	
事件	

2. 填写诗人情感变化脉络图。

示例：

焦急、痛惜 → 愤懑、无奈 → 愁苦、忧思 → 坚定、悲壮

▲ 活动设计三：我来演一演

1. 根据诗歌内容，排演课本剧。

场景一：狂风袭屋，茅草翻飞

场景二：群童抱茅，诗人叹息

场景三：布衾冷铁，屋漏逢雨

场景四：广厦千万，心怀天下

2. 同学们根据四个场景表演，体现诗人由个人的不幸境遇联想到为天下寒士谋取温饱的忧国忧民情怀。

▲ 活动设计四：我来比一比

比较其与《卖炭翁》在表现手法和思想情感方面的异同。

	同	异
《卖炭翁》《茅屋为秋风所破歌》	表现手法：	1. 事件行为 2. 主旨情感 3. 写作意图

（四）课堂小结

这首诗表达了诗人宁愿住破茅屋，也要使"天下寒士俱欢颜"的博大胸襟和崇高理想，表现了诗人推己及人的高尚风格和忧国忧民的情感。

(五)布置作业

假如你是一位作家,打算写一部有关杜甫的历史剧,请你结合此诗,设计一些情节和画面,写一篇有关杜甫的人物介绍,不少于 300 字。

要求:发挥想象,增加一些合理的细节,适当加入对主人公动作、肖像的描写。

第三课时

(一)课时目标

1. 品读分析,把握主题。
2. 体会情感,明确意图。

(二)导入

《卖炭翁》这首诗题下自注:"苦宫市也",为何作者会这样写,今天我们一起来学习这首诗。

(三)活动设计

▲ **活动设计一:初步感知内容**

1. 完成相应的表格。

时间	心理变化	相关语句
卖炭前		
卖炭中		
抢炭后		

2. 初步感知诗歌内容。

时间	心理变化	相关语句
卖炭前	希望卖炭能够让自己吃饱穿暖	卖炭得钱何所营,身上衣裳口中食
卖炭中		
抢炭后		

▲ 活动设计二：圈画品读分析

1. 分小组圈画品读诗歌中的语句，并点评。

示例："翩翩两骑来是谁"中的"翩翩"一词表现了宫使怎样的形象？

"翩翩"本意是形容轻快洒脱的情状。这里表现了宫使得意忘形，骄横无理的样子，与卖炭翁为生活操劳的凄惨个人形象形成了鲜明的对比，揭露了唐代"宫市"的罪恶。

2. 通过对诗歌的圈画点评，理解作者对下层劳动人民的深切同情，对宫市的揭露抨击。

▲ 活动设计三：配图体会感受

给课文中的图配上文字说明，写明事件行为和情感思想。

明确：配文字说明的时候，抓住人物描写方法，从肖像、语言、动作、心理四个方面来展开描写，事件行为写清楚起因、经过、发展、结果。

▲ 活动设计四：拓展深入思考

微信朋友圈是现在的一种社交方式，如果唐朝人也可以发朋友圈，他们会怎么发？

1. 请以作者、卖炭翁、黄衣使者白衫儿的身份来分别发朋友圈。
2. 如果皇帝看到了这个朋友圈，你猜测他会怎么回复？
3. 如果太监总管看到这个朋友圈，你猜测他会怎么回复？
4. 如果当时的百姓看到这个朋友圈，你猜测他会怎么回复？

（四）课堂小结

"苦宫市也"是这首诗的主题，作者通过塑造卖炭翁这个人物形象，表达了对下层劳动人民的深切同情，对宫市的揭露抨击。

（五）布置作业

假如你是一位史学家，打算根据这首诗写一件历史事件，请你结合此诗写下卖炭翁事件。

要求：发挥想象，增加一些合理的细节。

写作 学写故事

一、教学目标与学习要素

（一）教学目标

1. 将故事叙述完整，突出故事的有趣和意义。
2. 通过合理的联想与想象，使故事情节更生动曲折。
3. 在故事中塑造形象丰满的人物形象。

（二）学习要素

1. 学习写故事的写作模板，列出故事梗概。
2. 通过适当的联想与想象去丰富故事细节。

二、教学建议

学写故事属于写作范畴，故事的技巧有很多，故事要有波折，人物塑造要形象生动，环境描写要契合故事主题，适当的想象成分，可以让情节更曲折，人物形象更丰富。从这个意义上来说，比一般写作的要求更具体形象，也更需要学生的构思能力和写作技巧，建议结合本单元的古诗，通过一系列的教学活动进行写故事的练习，创设更多情境，以提高学生的写作能力。

三、教学过程

（一）导入

假使有一位同学和你说，读了古诗《卖炭翁》，他很想写篇有关卖炭翁的故事，你能和他一起学写故事吗？

（二）活动设计

▲ **活动设计一：梳理主要人物**

用思维导图的形式梳理诗歌的主要人物和性格特征。

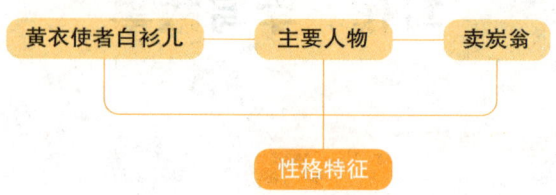

▲ **活动设计二：依据主要人物、情节关系图，列出故事提纲**

1. 根据故事发生的背景、主要人物、事件经过等要素，填写表格。

背景	主要人物	事件经过
卖炭翁伐薪烧炭	卖炭翁 黄衣使者白衫儿	卖炭前
		卖炭中
		抢炭后

2. 绘制人物情节关系图。

▲ **活动设计三：丰富故事情节**

1. 大家一起做编剧，把卖炭前，卖炭中，卖炭后三个场景，通过适当的联想与想象去丰富细节，使故事情节更加曲折，人物形象更加生动。
2. 三个剧本写好后互相评价。
3. 评价表。（最高是三颗星，根据标准给出星级评价）

场景	评价标准	评价标准
卖炭前	能够生动塑造人物形象☆	能够曲折体现故事情节☆
卖炭中	能够塑造人物形象	能够体现故事情节
抢炭后	不能塑造人物形象	不能体现故事情节

▲ **活动设计四：续写改写故事**

1. 如果你穿越回到卖炭翁的年代，你会怎么改写这个故事？
2. 如果你是卖炭翁，炭被抢走，接下来故事是怎么发展的？
3. 如果你是黄衣使者白衫儿，还会发生怎么样的故事？

▲ **活动设计五：依据之前的故事模板，学写故事**

在你的身边或社会上，每天都在发生各种各样有趣的或有意义的事。以某一件事为素材，展开合理的想象，学写故事。

故事的起因	
故事的经过发展	
故事的结局	

(三) 课堂小结

通过这堂课，我们学习了故事的构思能力和写作技巧，并通过一系列的写作活动进行练习，掌握故事的写作模板，并能够举一反三，对所写的故事进行评价。

(四) 布置作业

在校园里，每天都会发生很多有趣的事，请同学们任选一个主题，写一个校园故事，不少于600字。

示例：青春岁月的故事，积极励志的故事……

综合性学习　以和为贵

一、教学目标与学习要素

（一）教学目标

1. 合作探究学习"和"文化，理解其文化内涵以及古今多样化的思想内涵。
2. 理解"和"与"同"的区别，探究"和而不同"在当下的意义。

（二）学习要素

1. 合作探究。
2. 感悟实践。

二、教学建议

"以和为贵"对于学生来说，可能更多的是认知，在语文综合性学习活动中很陌生，所以必须在此理念上，开展一系列的综合性学习活动，既可以让同学们分享对"和"的理解，以及获得的感悟和收获，也能激发同学们思考和启发。

三、教学过程

（一）导入

"和"对我们传统文化的影响为何如此巨大？"和"文化在今天又被赋予了怎样的含义？

（二）活动设计

▲活动设计一：和字成语大比拼

1. 同学们说出有关和字的成语。

示例：

和气致祥、和衷共济、和颜悦色、和蔼可亲、和气生财、和和美美、琴瑟和谐、家和万事兴、人和百业旺

2. 比一比，谁说的多而快。

▲ **活动设计二:"和"与"同"说文解字**

1. 同学查阅资料,对"和"与"同"进行说文解字。
2. 教师进行补充。

▲ **活动设计三:例说"和"与"同"**

1. 进一步了解"和"与"同"的含义,如"君子和而不同,小人同而不和"。
2. 交流有关"和""同"的名人故事。

▲ **活动设计四:"以和为贵"大辩论**

同学开展辩论,正方:当今社会需要"以和为贵";反方:当今社会不需要"以和为贵"。

▲ **活动设计五:"以和为贵"在班级**

1. 我们在学习和生活中,不可避免地会有观点的交锋。请你思考如何从"以和为贵"的思想中汲取智慧,制订"班级公约"。
2. 请你为这次"以和为贵"活动拟写一条宣传标语。

▲ **活动设计六:"以和为贵"在漫画**

1. 画一幅有关"和为贵"的漫画。
2. 对漫画进行点评。

(三)课堂小结

通过这堂课的学习,我们合作探究学习"和"文化,理解其文化内涵以及古今多样化的思想内涵。在语文学习活动中进一步理解"和"与"同"的区别,提升了综合学习能力。

(四)布置作业

假设两个国家发生战争,在模拟"军事法庭"上,你如何用课堂上学习的"以和为贵"说服他们?写下一段话,150字左右。

名著导读　《钢铁是怎样炼成的》摘抄和做笔记

一、教学目标与学习要素

(一) 教学目标

1. 通过完成核心问题，了解整本书阅读的方法。
2. 开展一系列的项目化学习，了解保尔·柯察金的成长史。

(二) 学习要素

1. 掌握摘抄和做笔记的读书方法。
2. 根据任务活动学习阅读整本书的方法。

二、教学建议

　　《钢铁是怎样炼成的》的主人公是保尔·柯察金，他作为一个普通工人的儿子，经历第一次世界大战、十月革命、国内战争和国民经济恢复时期的严峻生活，虽然身体残疾、双目失明，但仍然坚强生活并创作出了优秀小说，把对旧生活自发的反抗改变为自觉的阶级意志。文章描写了主人公同冬妮娅的爱情纠葛，同丽达磊落的友谊，以及对达雅诚挚的感情等，表现了他的赤诚情怀。

　　主人公生活的时代和学生生活的时代还是有一定的距离，需要教师进行阅读指导。教师可以依托项目化学习来进行阅读指导，通过摘抄和做笔记等读书方法，创建真实的驱动性问题和任务活动，增进学生的真实体验，帮助学生在学习体验中获得整本书阅读的方法。

三、教学过程

项目名称：《钢铁是怎样炼成的》摘抄和做笔记	项目时长：8周
学科：语文	年级：八年级
项目简述： 整本书的三个专题分别为"了解保尔·柯察金的成长史""分析保尔·柯察金的形象""红色经典的现实意义"。要完成这些专题任务，首先要根据他的成长过程，通过摘抄和做笔记，梳理成不同维度，如主要人物、相关事件、命运转折点、内心独白、社会环境等。在此基础上，	

续 表

	通过对比阅读、写作、口语表达、比赛、评议等活动的整合，形成一个带有活动性、综合性、复杂性和交际性的阅读学习体系
核心知识	欣赏文学作品，有自己的情感体验，初步领悟作品的内涵，从中获得对自然、社会、人生的有益启示。 能运用合作的方式，共同探讨、分析、解决疑难问题
驱动性问题	1. 本质问题 保尔·柯察金成长史是什么样的？ 2. 驱动性问题 (1) 保尔·柯察金遇到哪些人？ (2) 保尔·柯察金经历了哪些事？ (3) 保尔·柯察金的命运转折点是？ (4) 影响他成长的内因和外因有哪些？ (5) 他所处的环境是什么样的？ (6) 这个人物有什么现实意义？ 可以分小组探究，提出驱动性问题，并对问题进行分组
项目过程	1. 入项活动 (1) 阅读这本书，分析问题，初步确定分组。 (2) 根据个人兴趣或特长选择阅读主题。 2. 知识与能力建构 (1) 学生自主阅读《钢铁是怎样炼成的》，通过摘抄、做笔记等方式绘制读书小报。 (2) 根据所选的阅读主题成立阅读小组。 (3) 制定各项任务和活动。 (4) 讨论与修订制定出的任务和活动。 3. 公开成果 各阅读小组，为全体同学介绍收获和体会，选择经典篇目为大家解读。 4. 反思与迁移 (1) 撰写阅读活动小结。 (2) 进行小组评议。 (3) 举行辩论大赛。
项目评价	对阅读成果进行分层评价 1. 制定评价量表 2. 按星级打分

单元练习

习题测试

1. 《逍遥游》中的鹏是逍遥的吗？

2. 为什么说"世有伯乐，然后有千里马"？

3. 如何理解"虽有嘉肴，弗食，不知其旨也；虽有至道，弗学，不知其善也。"

4. "宫使驱将惜不得"中的"惜不得"体现了卖炭翁怎样的心理？

5. 赏析"八月秋高风怒号，卷我屋上三重茅。"

6. 从这个单元选两篇诗文，从内容和形式的角度进行比较。

答案与解析

1. "逍遥"的意思是闲适自得、自由自在的意思。那么怎样才是真正的"逍遥"呢？有形的生命，是没有绝对自由的，也不可能有，即使如鹏一般硕大；但是人的精神，是可以绝对自由的，因此我们可以把"逍遥"理解为对精神自由的追求。

解析：本题考查关键词语理解，需在逐段了解要点的基础上，筛选并整合重要信息，归纳主要内容，分析重点含义。

2. 因为千里马经常存在，但是善于分辨千里马的人很少见。这句话的言外之意是千里马没有被发现，就等于不存在。虽然有千里马，但是没有被发现的话，结果就是遭受屈辱甚至死去，如此一来，千里马的价值完全没有被发现、认可。所以强调伯乐的重要性。

解析：这题考察的是句子的内部逻辑关系，伯乐擅长相马，有两个重要前提。首先是有各种不同特点的马，其中包括千里马；其次伯乐拥有相马的知识和经验，知识固然可以来自书本，经验却主要通过实践习得。所以文章开篇这句话是有悖常理的。那么为什么还要做出这样的论断呢？要紧扣文本来进行分析，而不能望文生义。

3. 尽管有美味可口的菜肴，不吃，就不知道它的味美。尽管有最好的道理，不学，就不知道它的好。这句话将"嘉肴"和"至道"进行类比，形象生动地写出了学习的重要性，再美味的菜，不亲自尝尝，永远不知道滋味如何，同样，有再好的道理，如果不去学习，永远也不知道它的好处。

解析：这道题考察的是对句段含义的理解，一般从表层和深层理解。同时还要把握写作手法，这里运用了类比的写作手法，形象生动地写出了学习的重要性。

4. 说明卖炭翁虽万般不舍却又无可奈何的心理，进一步体现了卖炭翁的生活凄惨。

解析：这道题考察的是人物描写的作用。人物描写包括语言描写、动作描写、心理描写、肖像描写。人物描写可以体现人物的状态、思想情感、性格品质。这道题通过细致的心理描写，表达了卖炭翁的矛盾纠结。

5. "风怒号"用了拟人的修辞手法，形象生动写出秋风声大，体现了诗人的担忧。

解析：这道题考察句子赏析，句子赏析的角度包括描写、修辞、关键词、标点、句式等，赏析的时候抓住一个角度进行解读，这道题是从修辞的角度赏析。

6. 开放性题型，表达清楚，观点正确。

解析：开放性题型，言之成理，抓住比较的角度。

学习任务群设计

跨学科学习：古诗词游园会
——《惠崇春江晚景》学习任务群设计

【教学目标】

1. 深度学习，加深理解诗歌中的意象。
2. 延伸拓展，打破学科学习界限。
3. 融会贯通，激发学生的兴趣，拓展学生的思维。

【学习任务群设计框架】

【学习任务群设计说明】

传统的诗歌教学，语文教师往往带领学生理解诗意，分析意象，赏析诗词。但是由于诗歌时代久远、表达方式特殊，学生读诗仍会有一些不理解的地方，有时也很难激发他们对诗歌学习的乐趣，一方面不能深入感悟，另一方面不能外部拓展，如果教师能够设置情境化任务，分析古诗中的跨学科现象，使学科知识不再单一呈现，那么便可以促使学生深度学习诗歌，从而打造生动的诗歌学习课堂。

本任务群通过"古诗词游园任务群"，通过气象馆，美食城，美术馆等游园任务，对应内聚和外散、迁移拓展、综合运用等学习层次，通过任务群学习，学生不仅收获了诗歌语言文字的魅力，更跨越了学科的局限，在物候、建筑、节气、美食等学科知识上有所收获。学生们有了尝试综合思维的机会，从不同的学科角度去审视问题，从不同的学科融合中全面整体地认识事物，拓展思维，提高"五育"素养。

【教学过程】

一、导入

有一首苏轼写的诗，"竹外桃花三两枝，春江水暖鸭先知。蒌蒿满地芦芽短，正是河豚欲上时。"就这么简单的四句话，但是美食家看到的是美味食谱，气候学家看到的是物候现象，画家看到的是美妙图画……历来为人们津津乐道，同学们想必很好奇，真有这么神奇吗？是的，经典诗歌不仅蕴含丰富意象、艺术特质与文学表达，还能带给我们丰富的思维拓展，今天就让我们一起对话《惠崇春江晚景》，通过古诗词游园会，实现我们跨越学科的神秘之旅。

二、学习任务与学习活动设计

任务一　游气象馆

通过完成"我是天气预报员""物候知识大擂台"学习活动，整体感知诗歌物候现象，激发学生阅读诗歌的兴趣，帮助学生走近诗歌，逐步加深对诗歌涉及的季节和物候现象的理解。

▲ **活动设计一　我是天气预报员**

气象馆要求以《惠崇春江晚景》中涉及到的季节气候，请你以天气预报员的身份,写一份天气预报。

提示:由"春江、桃花、蒌蒿"等词可以看出季节是春天,由"春江水暖鸭先知"一句猜测出气候是晴天。

示例:今天我来播报天气,此刻是初春,大地复苏,晴天,但是早晚仍有温差。

▲ 活动设计二　物候知识大擂台

《惠崇春江晚景》涉及到哪些物候知识?请同学们完成表格。

提示:桃花在每年的3—4月份开花,花朵单生分布在枝干上,颜色为粉色或白色,花朵直径约为3厘米,三两枝说明开花的桃花枝数并不多。

示例:

物候知识大擂台	桃花开花	鸭子游水
物候现象		
物候知识		
相关拓展资料		

任务二　游生物馆

通过完成"绘制生物知识小报""撰写广告词"学习活动,掌握诗歌中涉及到的生物特性、生长环境等,从而更细致地观察诗中描写的景象。

▲ 活动设计一　绘制生物知识小报

给诗歌中涉及到的生物、植物,出一份小报,掌握生物相关知识。

提示:可以介绍竹的特点,生长环境,文化内涵等。

▲ 活动设计二　撰写广告词

生物馆馆长和你说,希望你能给馆中的生物、植物写广告词,你打算怎么写?

提示:广告词的撰写需要明确思考以下几个问题:第一,你的广告词宣传目的是什么?第二,你写的广告词的特色在什么地方?第三,撰写过程中你运用了哪些写作方法?

示例:

广告语:花香暗相许,浓淡两相知(桃花)

任务三　游美术馆

通过完成"我是小画家""我是解说家"学习活动,对"诗中有画,画中有诗"有进一步感知,促使绘画和文字相融合。

▲ **活动设计一　我是小画家**

《惠崇春江晚景》是首题画诗,诗人用诗句将所描绘的春色展现得那样令人心驰神往,你能不能把诗中的文字用图画来表示?

提示:画画的过程中,通过画面感受诗人的感情和引人入胜的意境。

示例:

▲ **活动设计二　我是解说家**

有同学要参观这所美术馆,如果你是美术馆的解说员,你打算如何介绍这几幅图?

提示:解说的时候不能孤立地只谈画,要在介绍的时候巧妙地将画和诗歌融合在一起,从而使听众能够既感受画面的形象美,也能感受诗歌的韵味。

任务四　游美食城

通过完成"设计美食名片""设计美食食谱"学习活动,通过对诗中美食的主题活动,逐步加深对诗歌意象的理解。

▲ 活动设计一　设计美食名片

美食城最近要重新装修,要求以这首诗歌为主题制作名片,来吸引更多顾客光临,你如何设计美食名片?

提示:抓住诗歌中的"河豚、鸭子"等词,设计的时候,突出美食的特点。

▲ 活动设计二　设计美食食谱

以《惠崇春江晚景》涉及到的美食为主题,设计食谱,请同学们完成表格。

提示:注意食谱制作步骤的顺序填写。

示例:

美食食谱	
类型	
食材准备	
制作步骤	
制作时间	
烹饪工具	
……	

任务五　竞技大挑战

游园竞技场中,学生通过完成各类闯关游戏,在充分的沟通、探讨基础上,碰撞思想火花,开拓眼界思路,促进学生综合能力的提高。

▲ 活动设计一　我来写对联

根据诗歌中的内容写对联。

提示:明确对联的要求,如:字数相等,词性相同,结构一致,平仄对立等。

示例:春天江边鸭群醒,桃花丛中字句青。

▲ 活动设计二　我们来竞答

有奖竞答:"河豚欲上时"涉及到哪些现象?请从多角度回答。

示例:

▲ **活动设计三 我来做导演**

拍摄主题：微电影

提示：根据诗歌的内容，结合作者生平足迹，可以是诗歌中某个时间某个地点发生的故事，可以是诗中特定场景的风景旅游片，以剪辑微电影片段并自己配音的形式讲述。

▲ **活动设计四 我来做一做**

你能根据自己理解的诗歌主题，利用手边的环保材料，比如吸水管，易拉罐等，用模型做出来吗？

提示：制作的时候抓住诗中涉及到事物的特征，做中学，学中做。

三、任务群学习总结

"跨学科学习"任务群学习，以"古诗词游园会"为核心任务，通过设计丰富有层次的任务和针对性的活动，促进诗歌的深度学习，打造生动语文课堂。在游园的过程中，通过一个个场馆的任务，参与感兴趣的活动，对应内聚和外散、迁移拓展、综合运用等学习层次，拓展其他学科知识，也可以加深理解诗词中所涉及的事物。学习诗歌不仅有了文学想象的翅膀，也有了多门学科的翅膀，学科知识不再单一呈现。在任务群学习中，学生们有了尝试综合思维的机会，从不同的学科角度去审视问题，从不同的学科融合中全面整体地认识事物，既拓展了视野，也锻炼了思维。

四、任务群迁移学习

在这次古诗词游园会的学习过程中，我们在游园中实践了古诗词跨学科的路径，诗歌可以和影视、美食、美术、生物、气候等巧妙融合，跨越了单一的诗歌学习路径，实现多角度解读，多学科跨越。

请尝试按照这样的探究路径，回读你学过的一首诗歌，认真思考，完成一份跨学科古诗词学习的思维导图。

整本书阅读：峥嵘岁月与英雄品质
——《钢铁是怎样炼成的》学习任务群设计

【教学目标】

1. 概括故事情节，梳理保尔的人生轨迹。
2. 建立主次要人物的关系，分析次要人物对保尔成长的作用。
3. 提取文中关键信息，结合时代特征，理解保尔面对的困难，提炼人物形象特征。
4. 多角度探究保尔成长为钢铁意志革命战士的成因，评价保尔的生命意义和价值。

【学习任务群设计框架】

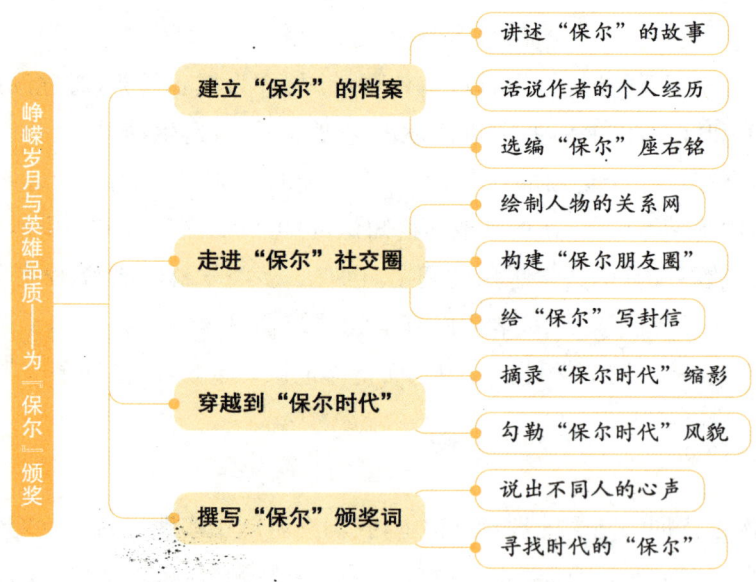

【学习任务群设计说明】

《钢铁是怎样炼成的》是一本自传体小说，是在作者亲身经历的真人真事的基础上，运用小说的艺术形式和表达技巧，经过虚构、想象，加工而成的。小说名为《钢铁是怎样炼成的》，其中"钢铁"，指的是一种坚强刚毅、不惧怕、不颓废的精神。

要具有这样的精神品质,需要长时间的斗争和锻炼,也就是"炼成"。从小说名可以推测,这部作品写的是人经过长期坚苦卓绝的斗争和锻炼,形成了坚强刚毅、积极无畏品质的故事。所以,阅读这部作品需要解决的核心问题是:探究保尔成长为一名具有钢铁意志革命战士的成因,思考其生命的意义和价值。因此,在本任务群探究的过程中,设计了为"保尔"颁奖的核心任务,依次通过建立"保尔"的档案、走进"保尔"社交圈、穿越到"保尔时代"、撰写"保尔"颁奖词的子任务展开学习研究。探究的路径旨在针对核心问题,通过梳理主人公的人生经历、分析次要人物的作用、推断时代特征、提炼人物形象,进行深度学习,感受峥嵘岁月,弘扬英雄品质。结合小说的特点和文本的价值,制定阅读计划,适当使用摘抄、做笔记、绘制思维导图等阅读方法,也是必不可少的学习方式。

【教学过程】

一、导入

你知道钢铁是怎样炼成的吗?钢铁,是要在高温下,经过特殊的工艺锤冶熔炼,才能够冶炼而成。世界名著《钢铁是怎样炼成的》讲述的就是一个人在革命的熔炉中,百炼成钢,锻造成铁,最终成长为具有钢铁意志的革命战士的过程。主人公保尔·柯察金曾说:"人最宝贵的是生命。生命每个人只有一次。人的一生应当这样度过:当回忆往事的时候,他不会因为虚度年华而悔恨,也不会因为碌碌无为而羞愧;在临死的时候,他能够说:'我的整个生命和全部精力,都已经献给了世界上最壮丽的事业——为人类的解放而斗争。'"那么,就让我们一起再次畅读经典,唱响这曲生命之歌吧!

二、学习任务与学习活动设计

任务一 建立保尔的档案

通过讲述保尔的故事、话说作者的个人经历、选编保尔座右铭的活动,整体把握作品内容,概括故事主要情节,完成保尔人生轨迹的梳理。同时,了解作者的人生经历,更加深入地走近保尔这一人物形象。

▲ **活动设计一 讲述保尔的故事**

1. 根据阅读计划,完成整本书阅读,并录制音频,讲述保尔的故事。
2. 主题摘抄,以保尔的五次"死里逃生"为主题,完成摘抄。

思考:保尔在书中有五次"死里逃生",分别是遇到了怎样的困境?之后又是怎样面对生命的？

提示：摘抄是指选摘、抄录原文中的词语、句子、段落等。摘抄的内容可以是原作的典故、警句、精彩片段等，一般要根据学习、借鉴的意图来选择。阅读时，可先进行圈点和批注，在完成该日阅读计划后，进行阶段性的摘抄。摘抄时还应注意归类，如体现同一问题的内容，可以在阅读时做圈点，并简要标注，然后在阶段性摘抄时进行分门别类，为进一步的细读、深读奠定基础。

示例：《钢铁是怎样炼成的》摘抄——保尔的五次"死里逃生"

《钢铁是怎样炼成的》摘抄		
对应序号	4、5、6、9	对应章节(页码)　　P156　P167　P191　P266　P429
目的意图	保尔的五次"死里逃生" 保尔在书中有五次"死里逃生"，分别是遇到了怎样的困境？之后又是怎样面对生命的？	
摘抄内容	1. 哥哥，我告诉你，我还活着，不过不很健康。我<u>大腿上中了一颗子弹</u>，可是现在已经快治好了。医生说，没有伤着骨头。你不必为我担心，它就会好的。我出院之后，也许可以休假，那时我一定回来看你。我临走时没能见到母亲，但是事情变化得这样快，我现在已经是科托夫斯基骑兵旅的一个战士了；不用说，你已经听到过英勇的科托夫斯基骑兵旅的名字。我从来没见过像他这样的人，我对我们这个司令员非常敬佩。P156 2. 第一次是他大腿上受了伤，第二次是在严寒的一九二〇年的二月<u>染上了发高烧的伤寒</u>。……保尔还没有完全痊愈，就回到了自己的部队。……保尔把马鞍移近火堆，坐了上去，然后把那本厚厚的小开本的书打开，放在膝盖上。……保尔读完了最后几页，把书放在膝盖上，深思地盯着火焰。……"指导员，我想转到骑兵第一军去，你看怎么样？他们以后一定要大干一场。我看他们这么多人聚集在一起，一定不是专为练习骑马的。而我们呢，好像要永远待在这儿似的。"……第二天晚上，在篝火旁边已经看不到保尔的影子了。P167 3. <u>昏迷了十三天之后</u>保尔才恢复知觉。他那年轻的身体不肯死，体力也满满地恢复了。……<u>一个头部受伤的红军战士</u>被安置在病房角落靠窗的病床上。他只有十七岁。……<u>那只眼睛是瞎了</u>，但是表面上看来还是正常的。……临别的时候，柯察金说："要是左眼瞎了，倒好一点儿——现在我还怎么打枪呢？"……他立刻想吸引冬妮娅参加他们的工作。……"你暂时还不适宜到前线去。你就在这儿帮助我搞肃清反革命的工作吧。你明天就到这儿来。"P191 4. 青春终于胜利了。保尔没有死于伤寒。这是他第四次死里逃生。在床上整整躺了一个月之后，苍白消瘦的保尔已能够勉强用两条摇摇晃晃的腿站起来，摸着墙壁，在房间里走动了。……但是他一想到，明天他就要离开这里，回到那个大城市去，再度和他的朋友们，同志们，所有那些亲爱的人们在一起，他又高兴了。这

续表

大城市以及它沸腾的生活,活跃的气氛,加上那川流不息的人群,电车的轰隆声和汽车的喇叭声,都吸引着他。而最最吸引他的,却是那些巨大的石头厂房、煤烟熏黑的车间、机器,以及滑轮的柔和的沙沙声。他的心已经飞到巨大的飞轮疯狂旋转、空气中散播着机油气味的地方,飞到那早已成为他不能分离的整个生活上去了。……人最宝贵的是生命。生命每个人只有一次。人的一生应当这样度过:当回忆往事的时候,他不会因为虚度年华而悔恨,也不会因为碌碌无为而羞愧;在临死的时候,他能够说:"我的整个生命和全部精力,都已经献给了世界上最壮丽的事业——为人类的解放而斗争。"人应当赶紧地、充分地生活,因为意外的疾病或悲惨的事故随时都可以突然结束他的生命。P266 5. 从保尔在档案库里住过几天那时候到现在,一年半过去了。那是十八个那一形容的痛苦的月份。……他的视力是无法恢复了。……当他睡在手术台上,他的颈部被割开,一侧甲状腺被割去的时候,死神的黑翅膀曾前后三次碰过他。但是,保尔的生命是顽强的。……保尔坚定地选择好了一条道路,他决心从这条道路回到新生活建设者的队伍中去。……失血过多的保尔听过了最后一次手术,他觉得他再也不能住在医院里了。……保尔开始工作了。他打算写一部关于科托夫斯基的英勇骑兵师的中篇小说。P429

▲ 活动设计二 "画说"作者的个人经历

1. 出示作者自述:"钢是在烈火与骤冷中铸造而成的。只有这样它才能坚硬,什么都不惧怕。我们这一代人也是在这样的斗争中、在艰苦的考验中锻炼出来的,并且学会了在生活面前不颓废。"

思考:"钢铁是怎样炼成的"是什么意思?

2. 作品是一部自传体小说,基于对小说名的理解,探究作者的人生经历,体会这部小说作者表达的内容核心。

提示:自传体小说是指从主人公自述生平经历和事迹角度写成的一种传记体小说。这种小说是在作者亲身经历的真人真事的基础上,运用小说的艺术和表达技巧,经过虚构、想象,加工而成。因此作品内容与作者经历有着密不可分的关系。尼古拉·奥斯托洛夫斯基(1904—1936),英年早逝,享年32岁。1919年,参加红军,奔赴前线;1920年因重伤退伍;1924年,加入共产党;1927年,瘫痪失明,病榻写作;1936年,重病复发,英年早逝。

示例:作者尼古拉·奥斯托洛夫斯基的主要人生经历示意图

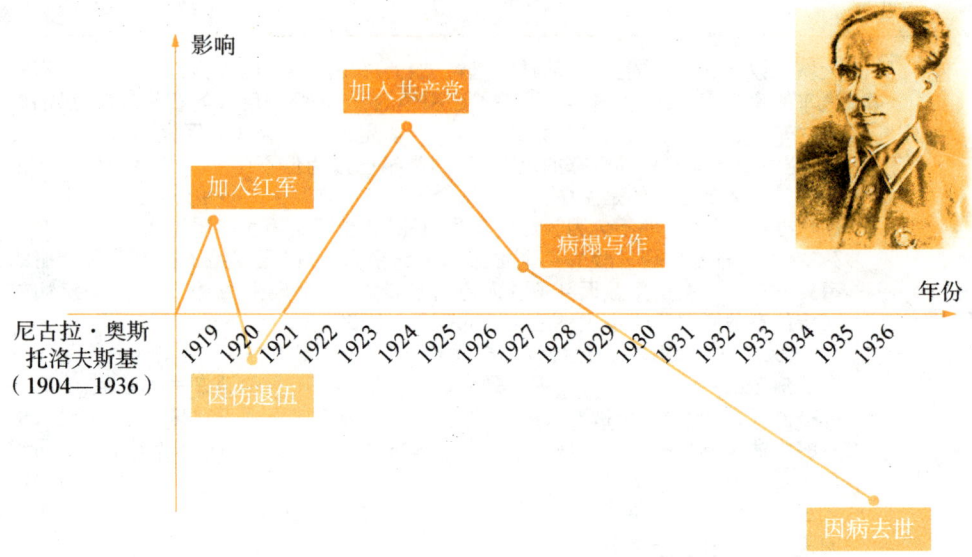

▲ 活动设计三　选编保尔座右铭

请结合你的阅读，为保尔选编座右铭，制作成书签。

提示：从题目可以推测，这部作品写的是人经过长期坚苦卓绝的斗争和锻炼，形成了坚强刚毅、积极无畏品质的故事。主人公保尔与作者的经历极其相似，其与题目的内涵也不尽吻合。因此，保尔的人生定能体现这钢铁般的意志。为保尔选编座右铭，是对保尔人生的一次评价。可制作成书签，可以夹在该书中，以示警醒。

任务二　走进保尔社交圈

基于对作品整体内容的把握以及保尔形象的认知，逐步从对主要人物的关注转向对次要人物的研究，走进保尔的社交圈，走近保尔的成长路。借助绘制人物关系网、构建"保尔朋友圈"、给保尔写封信的活动，关注保尔的亲人、朋友、师长对他成长的重要影响，从而获得启示。

▲ 活动设计一　绘制人物的关系网

保尔的一生艰苦卓绝，他的成长除了个人的努力顽强之外，也离不开周围人的影响。请关注作品中的主要人物，绘制人物的关系网。

提示：明确小说的主人公，梳理人物之间的关系；把握人物描写的内容，概括主要人物的性格特征；梳理情节发展的脉络，解释情节发展与人物命运的关系；捕捉关键的细节,梳理情节之间的内在联系,解释故事情节发展的合理性——这是分析小说作品的重要内容。

▲ **活动设计二　构建"保尔朋友圈"**

1. 每个人的成长都会受到内外因的共同影响,通过建立主次要人物之间的关联,聚焦于观察典型人物,进而分析保尔·柯察金钢铁意志形成的外因。

思考:朱赫来是一个怎样的人?他对保尔产生了哪些重要的影响?

保尔的哥哥阿尔焦姆、好友谢廖沙,各自经历了怎样的人生?对保尔是否产生了影响?

保尔的母亲、妻子、女性朋友,在他成长的道路上分别给予了哪些支持和帮助?

2. 人生路上,总会有各色各样的人对你产生或多或少、或好或坏的影响,从这个角度去认识人物之间的关系网,为"保尔朋友圈"进行分组。

示例:《钢铁是怎样炼成的》人物关系网——保尔的亲朋、恋人、战友

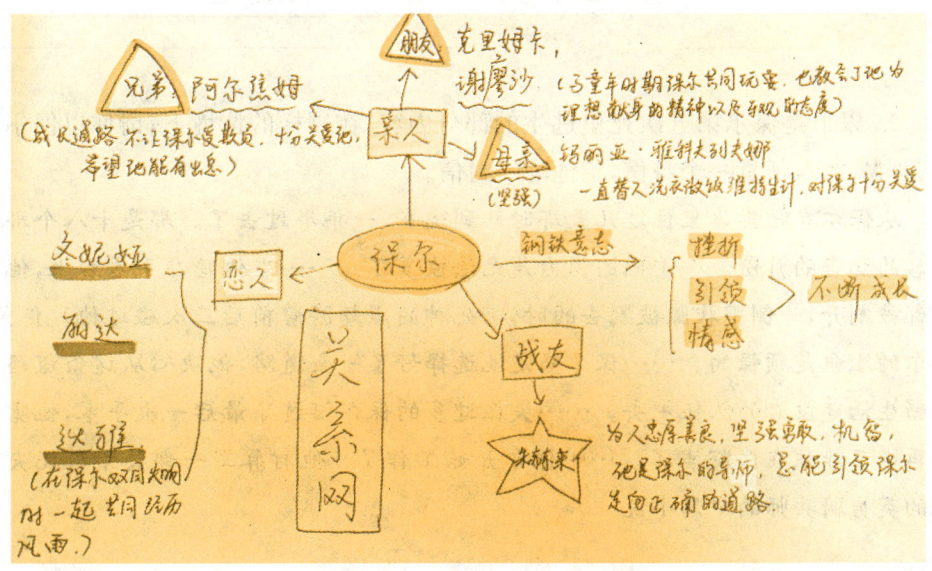

▲ **活动设计三　给保尔写封信**

1. 在保尔受伤时,他曾经给哥哥阿尔焦姆写过一封信,从这封信中,你能读出保尔怎样的心理活动?

提示:面对挫折和磨难,保尔对他的亲友、恋人、战友的关怀、支持、帮助、引领

持怎样的态度,是主次要人物之间关系的重要反馈。在情感的交流与碰撞中,保尔逐渐成熟起来,逐步成长起来。

> 在生活中,再没有比掉队更使我恐惧的了。我甚至连想都不敢想它。因此我才不怕忍受任何痛苦,可是直到现在,依然没有起色,正相反,光景越来越惨淡。在经过第一次手术之后,我刚能走动立刻就恢复了工作,但是不久他们又把我送回来。阿尔焦姆,别难过,我不会那么轻易死掉的。我自己有着足够三个人的生命力。哥哥,我们还要做很多工作呢! 要注意你的健康,别再一下扛三百多斤。要不,以后觉就要付出极大的代价来修补它。光阴给我们经验,读书给我们知识,可是这一切并不是为了在医院里作客。握手。
>
> 　　　　　　　　　　　　　　　保尔·柯察金

2. 以下是保尔第五次死里逃生的部分内容,在这样的情境下,请你以保尔亲友、恋人、战友任意一个身份,给他写一封信。

> 从保尔在档案库里住过几天那时候到现在,一年半过去了。那是十八个那一形容的痛苦的月份。……他的视力是无法恢复了。……当他睡在手术台上,他的颈部被割开,一侧甲状腺被割去的时候,死神的黑翅膀曾前后三次碰过他。但是,保尔的生命是顽强的。……保尔坚定地选择好了一条道路,他决心从这条道路回到新生活建设者的队伍中去。……失血过多的保尔挺过了最后一次手术,他觉得他再也不能住在医院里了。……保尔开始工作了。他打算写一部关于科托夫斯基的英勇骑兵师的中篇小说。

任务三　穿越到"保尔时代"

保尔的成长,离不开周围人的影响,而所有人的生活都离不开社会。根据小说中的信息,推断故事发生的社会环境特征,且分析社会环境与人物命运的关系,推断作者的情感倾向与价值追求——这是探究小说主旨的重要途径。

▲ **活动设计一　摘录"保尔时代"缩影**

再读作品,摘录能够体现"保尔时代"缩影的语句,做好笔记。

提示:笔记,主要有写提要和写心得两大类。写提要,就是用精练的语言准确概括全书的基本内容或要点,可以是语意连贯的文字,可以是按层次和要点罗列的提纲,还可以是能够体现作品结构思路的图表;写心得,则是记录自己阅读时的体验、感想,如自己对于作品的内容和形式的看法和评价,以及自己在阅读中获取的新认识、新观点。可以针对作品整体发表感想,也可以只对其中某一个或几个点进行发挥和评论。

两种笔记都类似于批注。提要式笔记,主要是针对作品中的具体内容写提示,可长可短,是阅读时的归纳、提炼。多次提要可组合成类,形成对一个问题的梳理,亦或是比较。心得式笔记,更倾向于建立在作品具体内容上的思考,可以是阅读过程中的质疑,提出的问题有助于引发接下来的思考,亦或是深入的认可,也许是横向的新知。

示例:"保尔时代"缩影笔记——布尔什维克

▲ **活动设计二　勾勒"保尔时代"风貌**

根据各小组的笔记分享,请你用一段文字勾勒"保尔时代"的风貌。

提示：穿越到"保尔时代"是拓展眼界，从一人到一个世界的认识，也是探究小说主人公成长环境，理解小说主旨的重要手段。组合各研究结果，用文字勾勒时代风貌，可以从社会矛盾、人民生活、布尔什维克党等角度进行总结性表述。

任务四　撰写"保尔"颁奖词

整体把握了故事内容，梳理了保尔的人生经历，归纳了保尔的人物形象，分析了次要人物对保尔的影响，了解了保尔生活时代的风貌，我们对保尔这一人物有了较为深刻的认识，对作品的主题有了初步的感知。作者在作品中围绕保尔·柯察金这个主要人物，展现了面对人生的苦难，社会的动荡，生命的意义和价值。作者试图从不同视角阐释对保尔的态度，体现当时人们的人生观、价值观。而在现代社会中，"保尔精神"是否仍旧具有意义和价值，需要我们尝试寻找时代的"保尔"。

▲ 活动设计一　说出不同人的心声

一个人的成长，离不开所处的社会环境和人文环境的影响，更离不开自身的努力。人们又是怎样看待保尔的呢？

提示：关注多样的叙述视角，如丽达的日记。

> 9月17日
>
> 柯察金额上的伤口已经长得很好了。换药的时候，他那惊人的忍耐力使我们所有的医生都吃惊。
>
> 一般人在这时候常常不断地呻吟或是发脾气。可是他却不做声，并且每次给他的伤口上碘酒的时候，他都不畏缩，只是把身体挺得像绷紧了的弦。他时常疼得几乎失去了知觉，但是从来也不叫唤一声。
>
> 我们已经全都知道：要是他呻吟了，那准是他昏迷了。他怎么会有这样的顽强精神呢？我真不明白。

▲ 活动设计二　寻找时代的"保尔"

1. 今天我们再读《钢铁是怎样炼成的》这本书，除了学习保尔那钢铁般的精神品质以外，这本书也有着非常深刻的现实意义。"保尔精神"在不同的时代，具有不同的价值。请自选方式，展现你寻找到的时代的"保尔"。

示例：《钢铁是怎样炼成的》手抄报——时代的"保尔"

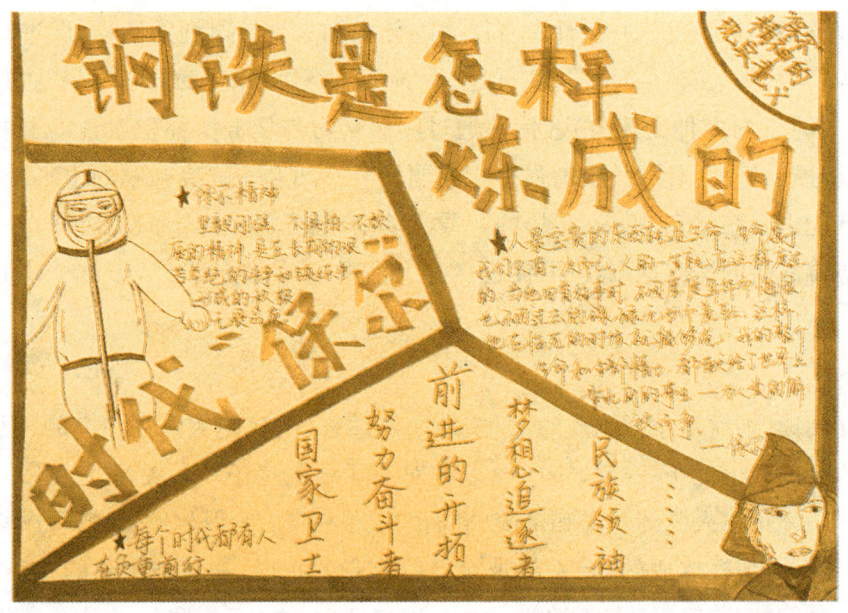

示例:《钢铁是怎样炼成的》小卡片——时代的"保尔"

时代的"保尔"

新冠疫情肆虐之际,全球上下都进入了紧张的防御状态。但有一批人,正在逆风而行,为人类的健康事业奋勇拼搏,他们就是可敬可爱的医护人员。他们肩负使命,勇于担当,用科学的知识和坚定的信念,顽强地与病毒在作斗争——这就是我们时代的"保尔"。今后,当国家和社会需要我们的时候,我们必将不畏艰险,勇往直前,像保尔那样,用钢铁般的意志,扛起时代的重任。因为我们知道,人真正的价值是责任和义务,是使命和担当,是为宝贵的生命,浸染耀眼的光辉。

2. "保尔精神"影响了一代又一代人,时至今日依旧有着重要的意义,它值得我们时代的嘉奖。请结合学习探究的过程,为保尔写颁奖词。

提示:结合保尔的人生经历,阐释其生命的意义和价值,兼顾其精神的影响,表达你的评价。

三、任务群学习总结

《钢铁是怎样炼成的》整本书学习任务群是以"探究保尔成长为一名具有钢铁意志革命战士的成因,思考其生命的意义和价值"为核心问题,以"为保尔颁奖"为核心任务,制定阅读计划,设计富有层次的任务和具有针对性的活动,促进有序阅读和深度学习。在核心问题与核心任务的引领下,力求阅读中提示多种阅读方法,分享时导向多种交流方式,旨在通过阅读学习与任务探究积累整本书的阅读经验,养成良好的阅读习惯,增强提出问题——分析问题——解决问题的水平,提高整体认知能力。在感知、感受、感悟的实践活动中,任务群致力于激发对峥嵘岁月中崇高英雄品质的深度挖掘,进而促进良好人生观、价值观的形成,丰富个体的精神世界。

四、任务群迁移学习

在阅读《钢铁是怎样炼成的》一书的学习过程中,我们实践了探究的路径:梳理主人公的人生经历——分析次要人物对主人公的影响——关注主人公的生活环境——评价主人公的意义和价值,进而完成了任务:为保尔颁奖,撰写颁奖词。

《钢铁是怎样炼成的》是一部带有自传色彩的小说,这与高尔基的《童年》、夏洛蒂·勃朗特的《简爱》有所类似。请尝试按照这样的探究路径,回读《童年》,试读《简爱》,并为阿廖沙和简·爱也颁颁奖,撰写一段颁奖词。